W I Z A R D

配当成長株投資のすすめ

金融危機後の負の複利を避ける方法

The CASE for DIVIDEND GROWTH

Investing in a Post-Crisis World

by David L. Bahnsen

デビッド・L・バーンセン［著］
長岡半太郎［監修］　藤原玄［訳］

Pan Rolling

The Case for Dividend Growth: Investing in a Post-Crisis World
by David L. Bahnsen

Japanese translation rights arranged with POST HILL PRESS
through Japan UNI Agency, Inc.

監修者まえがき

本書はウエルスマネジメント会社ザ・バーンセン・グループの創業者であるデビット・バーンセンの著した〝The Case for Dividend Growth : Investing in a Post-Crisis World〟の邦訳である。アメリカでは個人の財務的課題の解決について、しっかりした知識や経験を持った専門家の助言サービスを受けることができる。これは、アメリカの金融業界の健全性や質の高さを示すものの一つであるが、本書はそうしたサービスに従事する著者が、個人投資家の資産形成に関する彼の信念と、配当が安定して成長している企業で構成されるポートフォリオへの投資が手段として適しているという主張を述べたものである。

アメリカでも日本でも個人の資産形成は、一種のゲームのように資産の絶対額を増やすことがゴールなのではなく、それぞれ何らかの金銭の使途が本来想定されているはずである。人によってそれは、より豊かな生活を送るためであったり、住宅購入や学費に充てるためであったり、あるいはリタイア後の経済的な不安を解消するためであったりするだろうが、いずれにせよ、投資活動の目的は将来のどこかの時点でその資金を使うことにある。

つまり、ほとんどの個人投資家にとって、投資による資産形成の手段は、単に儲かればよいというものではなく、安心して長期的に資産を殖やせること、ならびにそこから必要に応じて投資資金の引き出しができるということが両立されていなくてはならない。したがって、金融機関が投資商品を組成、あるいは販売する際に、単に投資手段の属性だけに焦点を当てるのは、顧客の資金消費の用という観点を著しく欠いていることになる。

この本には、資産形成と投資成果の利用について真剣に考えるべき日本の投資家にとって、とても大切で必要なことが書いてある。著者の考えに賛同するか否かは読者の判断によるが、少なくとも著者は自身の経験に基づき論を展開し、ファイナンシャルアドバイザーとしての仕事を通じて顧客にその実践を勧め、結果として自己の主張の責任を負っている。個人投資家にとって、自分の周りに存在する多くの金融機関と、どちらが顧客本位であり誠実で信頼に足る存在なのだろうかよく考えてみる必要があるだろう。

長岡半太郎

二〇二〇年七月

目次

監修者まえがき　1

まえがき　11

新ミレニアムの最初の一〇年は、投資家教育には絶好の機会となった。つまり、アメリカ株は「失われた一〇年」となったのだ。ちょうどベビーブーマーの引退という人口統計上の厳しい現実が始まったときに、二つの深刻な弱気相場に挟まれた投資家たちは、投資とは何か、そして何が大惨事をもたらすのかを心に留めるチャンスを得たのだ。新ミレニアムの最初の不穏な一〇年と、その後に発生した金融危機後の現実を通して、投資家の行動や判断に影響を与える多くの仮定は疑いを持たれ、その実際が明らかになったように思う。そして、新ミレニアムに先立つ何十年も前から目にしてきたことからすると、一つはっきりしたことがある。配当成長株投資こそは、抜け目ない投資家にとって攻撃にも防御にもなる、時間の試練に耐えた数学的奇跡である、ということだ。

第1章　なぜ人々は投資するのか――キャッシュフローこそが王様である　31

投資業界のおかげでわれわれは「グロース投資家」と「インカム投資家」、「保守的な投資家」と「積極的な投資家」がいるのだと考えてきた。だが実際には、リスク選好や時間軸や個性や洗練度などにニュアンスの違いがあるだけで、これらすべての方針や説明は一つの事実に収束する。つまり、現金を手にすること、だ。それ以外は些末な問題にすぎない。

第2章　流行は巡る――配当成長株の歴史的文脈と現実　53

株式がもたらす年間リターンの半分以上を配当が占めているという時代があった。だが、株価指数の配当利回りが下落するにつれ、われわれは、株価上昇がその歴史的な平均値よりも大幅に大きなものとなり、過去のトータルリターンに等しくなると考えるようになったのではなかろうか。実際には、時間の試練に耐えた企業は配当を支払うようになる。これがすべての業界において正しいことをテクノロジーが証明している。過去も未来も、利益を現金として払い出すことで株主に報いている企業が重要なのだ。そして、その歴史を研究することで、われわれは未来について多くを学ぶことになる。

第3章　株式を買うことで配当を得るのではない――配当を買うことで株式を手にする　67

たしかに配当はわれわれのポケットに入る現金だ。たしかに配当は企業に対する投資の対価として実現するものだ。だが、配当は投資家であるわれわれの利益になるだけでなく、われわれが所有する企業について教えてくれもするということを多くの人々が見落としている。株主と経営陣の利害が一致することが重要なのだ。そして、会計がおかしなことになっている世界において、現金の支払いが「教えてくれる」ことが重要なのだ。

第4章　富の蓄積――極端だが世界八番目の不思議　85

蓄えた富を引き出して使っている人々にとって配当が有利だという話をする前に、配当を使って富を蓄えることが持つ同じくらい大きな力に目を向ける必要がある。富の蓄積に関する物語によって、われわれは複利の奇跡を詳細に検証することになる。実際に、配当成長株に広く分散したポートフォリオに配当を再投資するということは複利が何乗にもなるという話なのだ。つまり、算数と時間を活用することで抗しがたい魅力が生まれるのである。

第5章 資金の引き出し方が問題――貯蓄に手をつけるときに負の複利を避けることで幸せに暮らそう

105

投資アドバイザーたちは、分散したポートフォリオから「システマティックに引き出す」ことを前提に投資計画を策定してきた。だが、切り崩している資産の価格が避けることのできない下落期にある場合はどうするのだろうか。切り崩している資産をどのようにして下落相場という現実から隔離するのだろうか。一つの事実が私の考えをすっかり変えてしまった。つまり、株価は上昇することもあれば、下落することもある。一方で配当の支払いは正の値にしかならないということだ。価値の変動は投資家にとっては避けられないことだが、下落市場において正のリターンだけをもたらすものを選ぶことが、長期的な所得の流れを保全するためにはおおいに役立つのだ。

第6章 機会費用という神話――配当成長株投資が残念賞ではない理由

127

健全で安定した企業に再投資した配当を複利運用することが富を築く優れた方法であろう。支払い配当によって増大したキャッシュフローから引き出すことが、マーケットタイミングを間違えるというリスクにさらされずにキャッシュフローのニーズを確実に満たす防衛的な方法であろう。だが、この戦略の対価として長期的なトータルリターンは大幅に減少するのだろうか。機会費用は大きなものなのだろうか。初期投資額に対する利回りは投資家が理解すべきことであるが、それ以上に実際の過去のパフォーマンスに投資家は驚くかもしれない。

第7章　インフレの恐怖――配当成長株に内在する攻撃力と防衛力　147

投資家が直面する最大の脅威の一つが購買力の喪失であり、それに対応する戦略は数多く存在している。だが、ボラティリティの極めて高いコモディティや貴金属を保有してもそれ自体はインカムを生まない。一方、われわれが発見した歴史的にも最も有効なインフレ対応策に目を向けてはどうだろうか。それは、インフレという現実に合わせて価格を引き上げられる企業（企業がそのようなことはしないインフレなど存在するのだろうか）や、その過程で支払う配当を増大させることができる、または増大させている企業である。

第8章　では、自社株買いはどうか　165

過去二〇～二五年の間に経営幹部に対する報酬体系が変化したことで、企業が株主に資金を還元する方法も変化している。企業が資金を還元するさまざまな方法に対する賛成意見や反対意見、また配当成長株に関連してどのような意味を持つのかを分析すると、投資家にとってうれしい驚きがある。

第9章　目的を達成するためには減配を回避する　187

配当成長株投資は配当を減少させる企業によって台無しになる。実際に、企業が支払う配当の過去の傾向を分析しても今後のことは不確実なので、この投資方法を回避するアドバイザーが多いのも事実である。グロースとインカムを同時に達成するポートフォリオに含まれるべき、安定的に配当を増大させる企業を見いだすためにはどのような努力が必要となるのだろうか。

第10章　混乱を解消する――高利回りと配当成長　207

人々が犯す最も一般的な誤りは、「高利回り」銘柄は配当成長株投資を行う者が求める夢の銘柄だと考えることである。だが、「高利回り」銘柄を買うことは、最終的に「利回りのない」銘柄を手にする最も確実な方法となる場合がある。高利回り銘柄と明日の配当成長株との違いは大きい。フリーキャッシュフローと意欲こそが重要であり、「セクター」は問題ではない。

結論　金融危機後の配当成長株投資のすすめを総括する　223

付録1――国際市場における配当成長株　235

付録2――受託者責任の基準からみた配当成長株　249

謝辞　257

注釈　266

一九九六年から二〇〇一年までをともに過ごしたダリン・デニーへ。たくさんの思い出と笑い、そしてだれよりも成長を後押ししてくれた。そして、私が希望に満ちあふれた人生を送ることをだれよりも信じてくれた。その希望が本書を生んだのだ。君の人生が実り多きものとなることを願っている。君にはその価値があるのだから。

まえがき

「目的地とはけっして場所のことではない、新しいものの見方のことである」――ヘンリー・ミラー

一九九〇年代後半は、株式投資が儲かっただけでなく、爽快ですらあった時代だった。一九九五年から二〇〇〇年初頭まで続いた強気相場の過程で、S&P五〇〇は今となっては信じられないほどの年間リターンを生み出していた。[1]

一九九五年　+三七・五八%
一九九六年　+二二・九六%
一九九七年　+三三・三六%
一九九八年　+二八・五八%
一九九九年　+二一・〇四%

右記の株価指数であるS&P五〇〇のリターンはハイテク株の多いナスダック総合指数

には及びもしない。[2]

一九九五年　＋三九・九二％
一九九六年　＋二三・七一％
一九九七年　＋二一・六四％
一九九八年　＋三九・六三％
一九九九年　＋八五・五九％

ナスダックの四一・九％、S&P五〇〇の二八・七％という年平均リターンは、一九九〇年代後半がいかに活気あるものだったかを物語っているが、この時代の社会、言うなれば、その時代の空気をとらえることはできていない。このようなリターン、とりわけ限られたセクター、もしくはたった一つのセクターに焦点を当てたリターンを前にすれば、アセットアロケーション、分散、リスク管理、ファンダメンタルズ分析、本源的価値、そして配当成長などの伝統的なコンセプトを議論することは時代遅れで、他国のこと、無駄なこと、バカバカしく、軽蔑にすら値することのように思えてしまう。この強気相場が投資家のポートフォリオや引退後の貯蓄に対する考え方に与えた影響や、金融のプロたちが顧客やその他の力によって、パフォーマンスばかりを追いかけるようになってしまったことはさておき、社会そのものがこの時代の興奮を反映していた。イー・トレードがスーパーボウルのスポンサーになり、この狂乱の株式市場でデイトレードすれば容易にお金持ちになれると宣伝した。セレブたちは、さまざまなドットコム企業や証券会社や時代を彩る新たな投資の「サプライチェーン」の一部の広報担当となるべくこぞって雇われた。酒場には中産階級の人々があふれ、自分たちの証券口座の日々の利益について語りあった。IPO（新規株式公開）という略語が家庭内でも語られるようになった。ビジネスモデルという言葉は、たとえそれが実際には存在しなくとも、またはほとんどの場合利益の足かせになるにもかかわらず、インターネットの可能性を説明するものとなってしまった。

一九九五～一九九九年の物語を単にドットコムマニアやナスダックのバブルとだけ関連づけることはできない。経済のほかのセクターも成長していたことがS＆P五〇〇のリターンに表れているが、それらはすべてテクノロジーの進化だけでなく、世界が経験した極めて真っ当な経済成長の恩恵にあずかっていたのだ。グローバリゼーションの急速な進展によってまったく新しい市場が生まれ、一九九四年のＮＡＦＴＡ（北米自由貿易協定）の発効が比較優位に大きな影響を及ぼした。新しい市場とは、新しい収入、新しい利益、そして新しい投資機会を意味したのだ。企業が優遇された一九八〇年代になると、課税や規制が一九六〇年代後半から一九七〇年代までの過酷な水準から引き下げられ、経済成長の波は一九九〇年代まで続いたのだ。労働者に退職金を払う手段としての401kが急速に拡大したことで、株式市場には巨額の新規資金が流れ込んだ。大小さまざまな投資家が多様な株式に一括でアクセスできる利便性を求めたことで投資信託業界は大きく成長した。確たる基礎のうえに生まれた強気相場であったが、やがて行きすぎることもたしかであった。

行きすぎを見定めるうえで問題となるのが、そのタイミングはいつかということである。アラン・グリーンスパン元FRB（米連邦準備制度理事会）議長が一九九六年後半に「根拠なき熱狂」と懸念を表明したことは有名である。四年間にわたって強気相場が急激に進み、その後も「根拠なき熱狂」発言には「根拠がない」と言われるまで続いた。

強欲は強力な動機となる。プライドもそうだ。投資家は単にこの期間に〇〇ドットコム株を買えないことで、得られたかもしれない利益を失うことを心配していたのではない。彼らは、そのような利益を手に見栄を張るチャンスを逃すことを恐れたのだ。利益を得ようという動機は重要だが、社会階層を誇示したい動機も重要である。つまり、スポーツクラブや昼食の場や週末の会合で自慢する権利を競うゲームを行っている者たちにとっての機会だ。たとえより伝統的で、ファンダメンタルズ志向の投資が優れたリターンを上げているときでさえ、スタイルボックス投資[3]や配当利回りが高い銘柄を買っていることを自慢してもだれからも注目されないのだ。その五年間で大型バリュー株指数（ラッセル一〇〇〇指数）は年二三・六％も上昇し、小型株指数（ラッセル二〇〇〇）は年一七・二％[4]も上昇していた。だが、そのようなリターンもこの時代には不十分だったのだから、債券においてはなおさらである。一〇年物Tボンドへの投資はこの五年間で八・三％[5]の年間リターンを生み出していたのだが、成層圏にある株式に投資していた多くの者たちにとっては、それは受け入れがたい数字だったのだ。

二四％のバリュー株のリターン、八％の債券リターンが「基準以下」だと考えられていたことは今になって考えても驚きだが、それはわれわれが正気に戻ってしばらくたっているからで、一九九〇年代後半は現実的な時代ではなかったのだ。実際にこの時代は、二〇〇〇年代前半というリスク資産へ投資を行う者たちにとっては不可解なまでに悪い時期の序章にすぎなかったわけだ。

株式市場は二〇〇〇年に入っても変わらなかった、つまりバカ騒ぎだ。恐ろしい二〇〇〇年問題は、多くの者たちが予想したとおりガセネタだったことが分かると、市場は短期間のうちにその障害を克服した。ＦＲＢは好景気を持続させ、新しいテクノロジーの世界は新しい投資リターンの世界であるかのように感じられ、世界の経済情勢は良好なものであった。冷戦が終結してから一〇年が経過し、途上国では多くの中産階級が誕生し、世界の多くの地域に平和がもたらされた。

そして、事は二〇〇〇年三月に起こる（**図表１―１**）。

この月を特筆に値するものにしたのは、ダウ平均でもＳ＆Ｐ五〇〇でもない。三月、実際にＳ＆Ｐ五〇〇は上昇しており、その後の二カ月もほんの五％下落したにすぎなかった。だが、ナスダックは下落を始め、たった一カ月で三四％も下落した。その下落は二〇〇〇年にはマイナス三九・二％、二〇〇一年にはマイナス二一％、そして二〇〇二年にはマイナス三一・五％となり、その前の一〇年間に見られた投資ブームは、新ミレニアムの悲惨な環境に迎えられることになったのだ。[6]

投資家たちは、ハイテクセクター壊滅に見切りをつけることもできただろう。多くの投資家が傷つき、不意を突かれたことは間違いないだろうが、二〇〇〇年になるまでに多くの者たちが、自分はかつてないほどの大きな波に乗っており、その過程でいくばくかの利

図表Ⅰ－1　S&P500のハイテクセクターのウエート（1990年～現在）

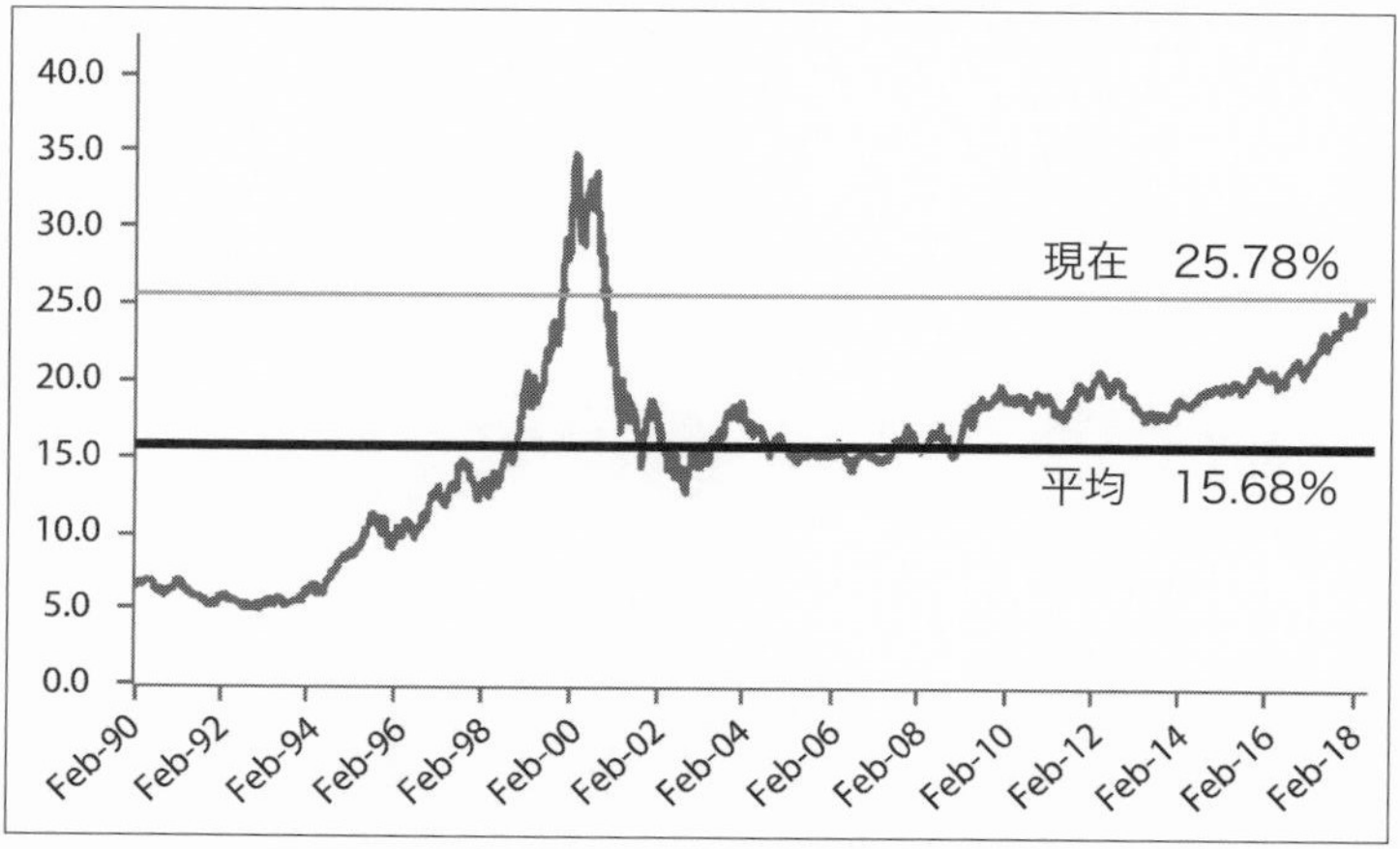

出所＝Bespoke's S&P 500 Sector Weightings Report　2018年

益を獲得していることを知っていたはずなのだ。突如、ナスダックが売られ始め、暴落をしたことで、多くの投資家は自らの報いを受け入れ、高値を付けていたハイテクセクターを去り、より控えめなS&P五〇〇に身を寄せるチャンスを得ていたのだ。

だが、残念ながらハイテクセクターから波及した大虐殺はすでにS&P五〇〇にも影響を与えていた。S&P五〇〇それ自体、バブルが頂点に達するころにはハイテク分野が占める割合が三五%にもなっていたのだ。これは、ここ三〇年間の実績値である一六%の二倍以上[7]に当たる。

S&P五〇〇は時価総額加重平均の指数であり、各構成銘柄のウエートはその時価総額、つまり株価が増大するに従って、自動的に増加するのだ。ハイテクブームはS&P五〇〇の価格水準全体を押し上げただけでなく、指数のハイテク分野に対するイクスポージャーの割合を高めてもいたのだ。

二〇〇〇年、S&P五〇〇は九%超の下落で幕を閉じた。厳しい年ではあったが、最悪というわけではない。下落の要因はおもにハイテク銘柄であった。S&P五〇〇のハイテクセクター指数はその年に二九%も下落し、密接な関係にあるS&Pテレコムセクターも同様であった。だが、金融関連の三五%上昇、ヘルスケアの四七%上昇、そしてエネルギーの二九%上昇[8]が、その後も続く弱気相場の一年目においてハイテク分野の損を見事に相殺していたのだ。

二〇〇一年は、まったく異なる理由から、まったく異なるストーリーとなった。経済がハイテクセクターの破綻の影響を払いのけようとする一方で、世界的に新興国市場が拡大したことで、原材料や消費財セクターで素晴らしいチャンスが生み出されていた。だが、二〇〇一年九月一一日、アメリカを大惨事が襲う。アメリカ本土に対するいまだかつてないテロ攻撃は三〇〇〇人の命を奪ったばかりか、資本市場に消し去ることのできない不安の跡を残したのである。アメリカ経済と同国の資本市場は常なるように回復したが、経済の各所に見られた多くのモメンタムが反転し、新たな不安という向かい風が資産評価にのしかかってしまった。その年市場は一二%下落した。

だが、驚くべきことに、二〇〇〇年のハイテクバブルの崩壊も二〇〇一年のテロの脅威も、この弱気市場の最悪の局面でないことが後に判明する。二〇〇二年、アメリカの資本市場は苦境に陥ることになる。エンロン、ワールドコム、グローバル・クロッシング、アデルフィアが崩壊し、その背景に会計スキャンダルと詐欺があったことから、制度全体の公正さに疑義が生じてしまったのだ。有名企業の破綻、議会の公聴会、そして犯罪者の逮捕が新聞の見出しを独占した。ニューヨークの政治家たちが、調査部門と投資銀行部門の間での利益相反を理由に巨大金融機関に罰金を課したことで、ウォール街は調査部門のスキャンダルに苦しむことになる。インサイダー取引のスキャンダルと逮捕のニュースが踊った。そして、このような見出しを飾る出来事が続くなか、アメリカ経済自体が緩やかな景気後退に突入してしまったのだ。二〇〇二年、市場の下落幅は二二%を超え、次の二年と合わせると、三年間で計三八%の下落となった。これはわれわれが「天井から底まで」の下落と呼ぶものである。まさに、「新ミレニアムへようこそ」である。

アメリカ経済はその傾向のとおり、二〇〇〇年代最初の数年間の苦しみから大きな回復を示した。ちょうどグラウンドゼロの残骸が取り除かれたころ、資本市場の騒動も収まり、二〇〇二年終わりから二〇〇三年初めにかけて市場は正常な状態に戻り始めた。過剰なまでの金融緩和策の助けもあり、リスク資産への需要が回復し、イラクとの戦争がありながらも二〇〇三年から二〇〇六年にかけて経済と市場は前進した。

残念ながら、この回復は、失敗に終わる運命にあった信用バブルの拡大におおいに依存したものであることが判明する。数年にわたって拡大した住宅バブルは考えられないほどの水準にまで達し、住宅を担保に引き出された資金が個人消費ブームを加速させた。市場金利が歴史的な低水準にあったことで、資本は利回りを探し求めていた。いまだかつてないほどの信用バブル、住宅バブルの破裂という最悪の事態は迫っていたのだ。そして、やはりバブルは破裂した。まず二〇〇七年八月にサブプライムローン市場が破裂し、その悪影響がどれほど深刻なものとなるかという重大な疑問が持ち上がった。それ以降、二〇〇七年から二〇〇八年上半期を通じて、悲惨な出来事が次々と伝えられることになる（ニューセンチュリー・ファイナンシャルの破綻、カントリーワイドの破綻、そしてベア・スターンズのあっという間の崩壊とＪＰモルガンによる同行救済）。だが、二〇〇八年九月の出来事に市場も世界もまったく準備ができていなかった。

その夏、財務省は議会から与えられていた法的権限を行使し、ファニーメイとフレディマックを管理下に置いた。住宅価格は下落を続けており、債券市場で資金を調達することなどほとんど不可能となっていたのだ。金融機関は両社の発言、つまり保有する債権の価値に関する彼らの主張を信用しなくなっていたが、それには正当な理由があった。事業資金を短期的な借り入れに依存していた企業は、生き残るために必要な流動性を手にできなくなる危険性があったのだ。

それが頂点に達したのが二〇〇八年九月一五日、過大な負債を抱えるウォール街の金融機関リーマン・ブラザーズにおいてであった。この老舗企業は政府か民間による救済を得ようと躍起となっていたが、そのどちらも失敗に終わった。同社の破綻が発表されると、世界中の資本市場はひざを折ってしまった。短期金融市場は干上がった。メリルリンチはバンク・オブ・アメリカへの身売りを余儀なくされる。モルガン・スタンレーは三菱ＵＦＪフィナンシャル・グループに事業を売却せざるを得なくなった。ワコビアはウェルズ・ファーゴの手に落ちた。ワシントン・ミューチュアルはＪＰモルガンに。ゴールドマン・サックスはウォーレン・バフェットの資金で救われる。ＡＩＧはアメリカ国政府の管理下に入り、保険を利用する必要のあるウォール街の多くの企業向けの保険会社として機能することになった。

崩壊したのは金融銘柄に限ったことではなかった。一八カ月に及ぶリセッションで実質GDP（国内総生産）は四・二％減少したが、アメリカ経済としては大恐慌以来最悪の景気後退である。およそ九〇〇万の雇用が失われた。[9] そして、住宅価格は完全にフリーホール状態となった。担保差し押さえの件数は急増した。この間、二五〇万の企業が廃業した。[10] 無傷だった分野などなかったのだ。二〇〇七年一〇月の市場の天井から二〇〇九年三月の底までで、S&P五〇〇はなんと五六・四％も下落した。二〇〇八年の年間リターンだけでも三七％の下落である。

二〇〇九年三月上旬になって、市場はお決まりの回復を始めた。経済はいまだ好転する気配もなく、失業率は一年以上にわたって上昇を続け、GDP成長率もいまだマイナスだった。だが、下落に飽き飽きした市場は回復を示し始める。時価会計が一時的に取り止めとなったことも幸いした。FRBの積極的な介入（フェデラルファンドレートを〇％とし、量的緩和を始めた）も一助となった。だが、下落それ自体があまりに激しかったことが一番の要因だった。市場は十分に下落したからこそ、上昇を始めたのだ。

前述のとおり、劇的かつ強烈な市場の行きすぎ、つまり最も奇怪なブームと崩壊がほんの一〇年の間に発生したのだ。市場はそれまでにもバブルやブームを目にしてきている。S&P五〇〇が企業のスキャンダルや地政学的脅威、そして緩やかな景気後退の影響を受けたことはこれまでにもあったが、それら三つがまとめて発生したことはなかった。市場はその創設以来、複数年にわたる強気市場を目にすることはあったが、一九九八年から二〇〇八年に起こった騰落は普通ではなかったのだ（**図表Ｉ－２**）。

これはまた、私がプロの投資家として過ごした最初の一〇年でもあるのだが、巨大な強気相場に始まり、その後、悲惨なまでの弱気売りに見舞われ、そしてもう一度、強気相場となり、その後に全面売りとなり、最終的には株式市場でリターンを求める者たちにとって完全に失われた一〇年となったのである。

言及すべきことが二つある。①**図表Ｉ－２**の終点である二〇〇八年以降、市場は三〇〇％を超える上昇を示している。新高値はかなり前に付けているが、金融危機による下落分を埋め合わせ、二〇〇八年の崩壊にもかかわらず株式への信頼を失わずにいた投資家たちに何倍もの報酬を提供している。②この一〇年間は普通ではなかった。このような激動の一〇年間は過去にもあったが、極めてまれである。さまざまな理由から、この一〇年が再

図表Ⅰ－2　S&P500（1998〜2008年）

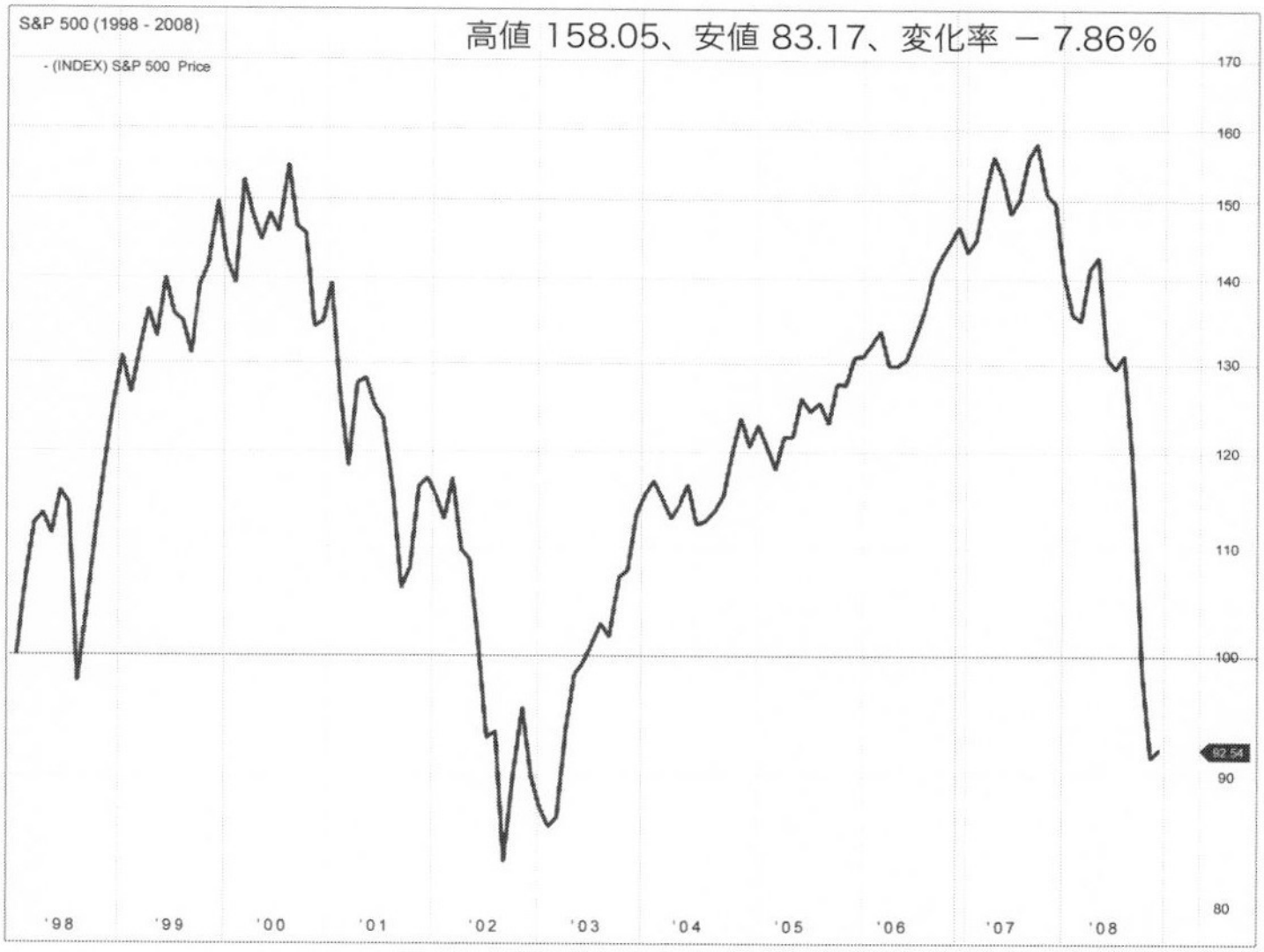

び、同じように繰り返されることはなさそうだと言える。

私の投資家人生のこの最初の一〇年間は、来年または向こう五年、一〇年について判断を下すにあたって何かしらの不安を残すものではない。実際に、資本市場において混乱や暴落がしばしば起こることは避けられないと確信しているが、あの一〇年は私がプロの投資家として直面するなかでも最悪のものではなかろうかと感じている（もちろん、その保証はできないが）。

あの一〇年を経験したからといって、本来、そうであるはずがない特定の出来事を標準的なことととらえたり、今後、引退する顧客たちにとって最悪となるような資本市場の状態を前提とすることもなかった。だが、私が投資に関して信じ込んでいたすべてのことを根底から考え直すための知的冒険に乗り出すことにはなった。金融危機の現実は、行動の管理が投資家の成果に果たす役割に対する私の考えに大きな影響を及ぼした（ヒント――私は基本的にすべてが重要だと考えていた）。

金融危機以前も、そして今でも私は、世界で最も優れた企業の将来の利益成長に参加することが、一般的な投資家にとって受動的に富を創造する最良の機会だと信じている[11]。私がそう考えるのは、より良い生活を求める人類が生み出すイノベーションや、成長のエンジンたる自由企業は永遠に投資可能だと信じているからである。資本市場なき資本主義は存在せず、現代資本主義の動力源たる優れた株式市場に投資することで、自分は富を創造する素晴らしいエンジンに相乗りしているのだ。

経済学とは人間の行動の研究であると考えている。人間の行動は生活の質を高める動機と結果を求めるものだと考えている。その過程で利益が生み出され、利益に対する動機がそれをさらに追いかけさせる。株式の公開市場は私がこのエンジンに参加する機会であるが、参加が容易で、いつでも退出でき、驚くほど効率的で、さらに合理的な税効果がもたらされることでそれが可能となるのだ。

顧客の資本を投資することに関しては（本書出版時点で私とバーセン・グループの仲間たちは一五億ドル超の資本を預かっている）、個別ニーズに照らして自由企業というエンジンを収益化しなければならないと私は認識している。つまり、それぞれのボラティリティに対する選好度や具体的な流動性の特徴、個別の課税問題や個々の投資家の目的に応じた時間軸といったものを勘案しなければならないのだ。

自由企業に対する情熱の当然の帰結としての資本市場に対する私の大いなる思い入れは金融危機のあとでよりスペシフィックなものとなった。株価や市場のマルチプルが上昇することで、株式市場全体のリターンも私の顧客たちの目的に見合うものになる可能性は非常に高いものとなるのだが、実際のところ私の思いは、現実の製品やサービスを生み出し、その努力によって現実の利益を生み出している企業に向かっているのだ。新ミレニアムの序盤に発生した会計スキャンダルは、企業は実際には出血していても、極めて「収益性のあるもの」として扱われてしまうことがあるという事実を明るみに出した。さらに、ウォール街の巨大金融機関の内部で行われていた価値破壊が、その考えをより一層強いものとした。これによって私は「フリーキャッシュフロー」というコンセプトを歓迎するようになったのだが、それについては本書を通じてさらに詳しく記していくつもりだ。

投資家は単に理論上の利益やイノベーションや企業などのためだけに資本市場のリスクをとるのではないことを私は認識するようになった。彼らは実際の利益を求めて投資活動を行っているのだ。顧客に尽くし、新たな市場を生み出し、価値を創造している革新的な企業がやがて余剰キャッシュフローとなる利益を生み出し、そのキャッシュフローの一部が配当という形で還元されるときに、投資家は自分たちの投資から収益を獲得できる。

私が知的冒険のさなかにあるとき、親友のルーク・テウーウズがローウェル・ミラーの著書と投資顧問会社ミラー・ハワード・インベストメンツを紹介してくれた。そして私は、株式投資に関するローウェル・ミラーの信念に多大な影響を与えた発見におおいに影響を受けることになる。キャッシュフローが年々増大している間でさえ、われわれが受け取る配当が毎年増大すべきでないのはなぜか。財政的に引き出しの段階にある投資家は、配当に焦点を当てることで一〇年間横ばいの市場から資金を引き出すリスクを隔離できないのだろうか。そして、将来のために富を蓄積している投資家は、配当を再投資して将来の収入を生み出す複利マシンを作り出すことはできないのだろうか。

本書では、われわれが言うところの配当成長株投資こそが、投資家が取り組むべき唯一賢明な投資手法であることを提言している。私はそれが「最良の」方法だというつもりはない。「最良」という定義はあまりに主観的にすぎるし、不合理にすぎるからだ。私がこの方法こそが正しい投資手法だと主張するのは、それが私が考える投資の核心をついているからである。つまり、以下のようなことだ。

①迷信ではなく、ファンダメンタルに基づくものである
②投機ではなく、現実に立脚したものである
③流行に左右されるのではなく、思慮に富んだものである
④新手のものではなく、時間の試練に耐えたものである

ここでは「今月のお薦め」といった営業は不要であり、またこの手法はある者には有効だが、別の者には役に立たない、というものでもない。資本を引き出す者にとっても、資本を蓄積する者にとっても同様に強力なツールとなるのだ。

私の会社では、新興国市場、債券、オルタナティブ、不動産、小型株など個々の顧客のポートフォリオを適度に分散させるため有益だと思える数多くのアセットクラスに投資を行っている。配当成長株が一〇〇％を占めているわけではないし、すべての人にそれを推

奨しているわけでもない。だが、顧客ごとにウエートや配分をカスタマイズしているとはいえ、本書でこれから示していくあらゆる理由から配当成長株はわれわれのポートフォリオのコアをなしている。配当成長株投資を勧める理由は次のとおりである。

●投資において究極の最適化を図ることができる
●株式市場のヒストリカルリターンを構成する不可欠な要素である
●投資している企業を、実際に経営している者たちの視点から学ぶことができる極めて重要な方法である
●何層もの複利の奇跡を積み重ねた、文字どおり複利の奇跡をポートフォリオにもたらす方法である
●市場の低迷が続く（このまえがきで紹介した一〇年間のような）なかで資本を引き出すことの危険性から投資家を隔離する方法である
●多くの者たちが勘違いしているが、優れたリスク調整済みリターンを追及する方法である
●インフレが長期的な購買力にもたらすたちの悪い影響に対する防衛策となる

●企業が株主に現金を還元するうえで自社株買いよりも優れた方法となる
●減配という巨悪が知らない間に忍び寄ることがないように、積極的に関与することが求められる戦略である
●十分なフリーキャッシュフローを持った素晴らしい企業に根差したボトムアップの戦略である

以上を通じて、私自身の投資の世界観だけでも知ってもらいたいと思っている。私は読者をどうにか説得しようなどとは考えていないが、私の人生やキャリアにおいて大きな部分を占めるようになったこの実践的なメッセージを伝えることができればと思っている。

資産形成の目的は現実的なものであり、いずれにせよ、その結果もまた現実のものとなる。成功を支える投資戦略もまた現実的なものであるべきだ。配当成長株は実際の投資において核心をなすものである。

第1章

なぜ人々は投資するのか――キャッシュフローこそが王様である

「自分のお金のリターンよりも、自分のお金が戻ってくるかどうかのほうが心配だ」――ウィル・ロジャース

私はポートフォリオマネジャーとしてのキャリアにおいていくつかの啓示を得てきた。なかにはもっと早く手にすべきだったものもある。私にとっては啓示だが、私よりもはるかに賢い多くの人たちにとっては何も目新しいことではないものもあった。私の人生、キャリア、そして顧客に対する姿勢そのものを変えさせる出来事となったものもある。本章で記すことは、そのカテゴリーに属するものだ。

だが、その啓示を紐解く前に、触れていない幾つかのことを取り上げたほうがよいかもしれない。つまり、投資に関する私の世界観の多くを規定している基本的な事実や原則であり、たとえそれらが私にとっては人生観を変えるほどの啓示ではなかったとしても、読

者の世界観を規定することにはなるはずなのだ。

人間性がすべてを決する

本書で取り上げる主題以外に、投資に関して私が考えていることはたくさんある。さらに重要なことに、配当成長株の哲学に組み込まれていることよりも、人間の財政的目標がいかに達成されるかについてたくさんのことを考えている。実を言えば、私が本書に記す一言一句を、投資家は頭のなかでは合意できると考えている。つまり、収入を毎年増大させるキャッシュフローを生み出す投資こそが信頼に足るグロース、インカム、そしてグロース・オブ・インカム戦略を生み出すという考えに人々は同意することはできると思うが、それでも自らの財政的目標をまったく達成できない人もいる。

実際に、私は失敗するような戦略をまったく信用していないし、後述するリスク・リワードのトレードオフではその目的を達成できないと考えている。だが、資産運用に関する私の信念の土台にあるのは、人の性質はその人の知性を凌駕し、感情は取り決め事を簡単に反故にする、そしてそれらすべてに取り組むうえで必要となるのは人間性だという考えだ。たしかに、私は来る日も来る日も市場という難問に取り組んでいる。たしかに、最適なアセットアロケーションを設計し、生産的なポートフォリオを構築することは気の遠くなるような仕事である。だが、自分たちが持つ最悪の本能に屈せずにいる投資家たちの人生に付加される価値は、そのようなサービスや労働を大きく上回るものなのだ。

われわれの業界ではそれを「行動変容」と呼ぶことが多いが、その言葉自体は素晴らしいものである。だが、私は、市場が下落したことにパニックを起こしてポートフォリオを投げ出そうとする人を励まそうとしているだけではない。また、「イージーマネー」が得られるという浅はかな考えに直面したときの強欲が持つ力をバカにしようとしているだけでもない。それは、われわれが顧客たちとの関係において大切にしている規律を含むものである。つまり、心理や感情が持つ影響を常に把握しておくこと、そして、最初からそれらの力が持つ可能性を尊重し、彼らにあらがうことができない判断を迫ることになる痛みやトラウマに顧客たちをさらさないようにすることだ。

人間の本質を考えれば、信頼は必須である

私が言う規律とは、「急所」や「臨界点」を定量的な方法や公式などに基づいて把握することは不可能（「顧客殿、われわれの検証ではあなたは二〇％のダウンサイドには耐えられると思いますが、今のところ一九・五％しか下落しておりませんので、ご安心ください」）だと認識することというべきであろう。むしろ、顧客との関係における義務や目的は、常に彼らに信用や自信や安心感を植え付け、金融危機が行動面に与える影響に彼らができ得るかぎり備えられるようにすることである。

私が言わんとしているコンセプトは信頼だ。投資家がなんらかの方法でわれわれに報酬を支払うのは、われわれの存在が人間の本質によって自分たちの財政的目標をゆがめられることを回避する助けとなることを期待しているからである。われわれがそれをできるかどうかは、顧客がわれわれを信頼しているかどうかにかかっている。彼らがわれわれを信頼しているかどうかは、われわれが信頼に値するかどうかにかかっている。たしかに、それは好循環である。

われわれが顧客にウソをつけば、彼らの信頼を勝ち得ることはできない。われわれが顧

客に伝えること、そして彼らのために行うことは真実か、現実に基づいたものでなければならない。モメンタムが強い高値のグロース銘柄があって、それが今後も上昇を続けるだろうが、われわれは値が崩れる直前に手を引くつもりだと顧客に伝えたとして、その後、偶然にも自分たちが正しいことが証明される可能性は十分にある。だが、われわれは顧客に真実を伝えなかった。幸運だったのだ。投資家の投資目的において投機を投機と定義したり、彼らの財務計画や財務分析においてリスク資本の合理的な部分として定量化しているのであれば、投機が彼らのポートフォリオにおいて完璧に真っ当な部分となることはあるかもしれない。だが、投機を投機と説明しないのは不適切だ。われわれの目的は顧客の資本、そして自分たちの資本を、信頼が高まるような方法で投資することである。資本市場に対する取り組みがどれほど正しかろうが、間違っていようが、投資をしている顧客がその取り組みを行っている者を信用しなくなってしまえば、不適切な行動決定によってそのポートフォリオのアプローチの優れた部分がすべて台無しになってしまう。

真実を語ること、信頼を得ること、われわれの主たるバリュープロポジションたる行動面での助言、そして配当成長株投資に対するわれわれのコミットメントは互いに隔絶されたものではない。われわれは、それらすべては密接につながっていると考えているし、顧客の財政的目標を達成するにあたって同じパズルの重要なピースとなると考えている。

ポートフォリオには終始一貫した指針が必要である

顧客とわれわれとの信頼関係の基礎となるものへのコミットメントに加え、私は終始一貫した計画がポートフォリオを導くべきだと考えている。これは実際にひらめいたことではない。私はそう考えてきたし、そうあるためにキャリアの初めからベストを尽くしてきた。私はポートフォリオマネジメントを学ぶ以前に経済学を学んでいたので、「お金」は「購買力」と定義したほうがよいと考えていたのだ。顧客のために働くわれわれが達成すべきなのは、偶然に得られる単なる結果としての数字ではなく、必要となる購買力を提供することであることは直観的にも正しい。第7章で明らかにするが、配当成長株投資は誤解なくこの目的を達成することができるのだ。

投資の成果を左右するアセットアロケーションが持つ役割も私にとっては、初めから分かっていたはずのことだった。早い段階で基本的な用語やコンセプトの定義やその主張を知ることが必要であったことは言うまでもないが、すべての投資家のポートフォリオは、意図しようがしまいが、何らかの方法で配分され、そのようなポートフォリオを設計するための意識的・戦略的アプローチは最終的な結果に有利に働くという考えに異議が唱えられることはほとんどない。リスク、リワード、流動性、税金の状況を有利なものとするために資産を配分することは合理的であり、また基本的なことである。そして、配当成長株投資はそのような考えに完璧に適合する。

ボラティリティは避けられない

ボラティリティの影響をまったく受けずに顧客のポートフォリオが求める結果を生み出せると期待することはできない。ボラティリティを伴うことのないリターンを約束することなど、私にとっては信頼に対するコミットメントに背を向けるばかりでなく、リスクプレミアムというまぎれもない事実を冒涜することを意味する。つまり、リスクフリーレートを上回るリターンは、投資家が背負うボラティリティに対する報酬なのだ。配当成長株投資が株式市場のボラティリティという現実を免れることはない。第3章で開陳する理由によって、配当成長株は市場の苦悩が高まっているときにボラティリティが低くなるという特徴を持つが、現実の株式市場には不可欠な要素であるボラティリティが完全になくなるわけではない。

パーマベアという病

パーマ・ベアリズム（万年の弱気筋）は社会学・心理学的な疾病であって、思慮に富んだ投資の世界観ではないということも、私にとっては既知のことだった。私は経験を重ね、市場と向き合うことでパーマベアがどこからくるのかを理解できるようになったが、当初からリアリズムは楽観主義者のものであり、悲観論は資本市場に対する見立てから来るのではなく、次の二つのどちらかに起因していると考えていた。つまり、①他人の恐怖を儲けに変えたいという下品で搾取的な欲望（「高みの見物」を決め込むニュースレターの業界に当てはまるもので、けっして自らの資金を賭けることのない書き手たちは不安を煽りたてて購読料や広告料を稼ごうとする）、②歴史に基づくのではなく、どこか妄想じみており、実際に起こると考えているというよりも、そうあってほしいと願っているような、真剣ではあるが、悲しい現実の見方――かである。

市場の弱気筋は自分が賢いと思われたいと考えていること、そしてまぐれ当たりを手柄と吹聴する並外れた能力を持っていることは常識で分かることだ。

マーケットタイミングという狂気

マーケットタイミングという狂気は、長年にわたり知的な説得力を持ち、感情的にも満足する方法で強化されてきた。しかし私は、歴史を通じて偉大な投資家ができなかったことを自分やほかのだれかがやってのけられるなどと考えたことは一度もない。マーケットタイミングという戦略がうまくいくのは、①市場がずっと上昇しているときに買ったままでいるか、②市場がずっと下落しているときに売ったままでいるか――のどちらかの場合であって、それがもしできるなら、だれも太刀打ちできないような素晴らしい結果が残るであろう。私は市場がいつ上がるか・下がるかということについては、水晶玉に尋ねることと以上に優れた戦略は思いつかない。そのような能力を持つ者がいるとしたら、レバレッジに制限をかける理由が理解できなくなる。そのようなわけで、皮肉な言葉は私が毎週書いているコラム（https://thebahnsengroup.com/dividend-cafe/）に譲り、これ以上は控えることにしよう。

あえて言うなら、そのような能力を持つ者はおらず、世界最高の資産運用会社やヘッジファンドも、読者が利用している会計士も、理髪店の主人も、バーのマスターも、叔父さんもそのような能力は有していないのだ。

＊＊＊＊＊＊＊＊＊＊

これら六つの事実、原則、または教義のいずれも本当の意味での啓示ではないし、さらに言えば、本書の前提に影響を与える、真に読者の転機となるような啓示ではない。

私が何年も前から得ている啓示は、次のとおりである。

すべての投資家は現金のリターン（返還・回収）を求めて投資をしている。以上

これに対して、あなたは二つのうちどちらかの方法で反応することができる。つまり、言わずもがなだと即座に同意するか、明らかに間違いだと抵抗するかである。前者の反応

を示すのであれば、おそらく私が言わんとしていることを理解していない（疑問の余地がないわけではないのだから）のであろうし、後者だとしたら、私は余すところなく詳細を語らなければならないわけだ。では、そこから始めよう。

自分が求める財政状態を、目的、スケジュール、要件、関係者、期待する事項などと合わせて想像してみてほしい。それぞれ変数がまったく異なり、それでいて投資家は現金のリターンを求めて投資をしているという考えの反証となるような状況を四～五つ思い浮かべてほしい。すると、どうなるか見てみよう。

●最も分かりやすい例が、引退後のために貯蓄をしている人物である。現在、投資をしている彼らは、現在のキャッシュフローの源泉（雇用）がなくなったときに、キャッシュフローとして用いることになる多額の資金を築こうとしているのだ。この手の投資家は今日、投資に充てているお金が将来現金をもたらすことを期待しているということに異議を唱える者はいないであろう。

●将来の「一連の収入の流れ」（引退した者のように）を必要とはしていないが、まとまったお金（ボートの購入代金や住宅の頭金、大学の学費や結婚資金などのために貯蓄する）を必要としているという状況を考えてみよう。最初の例と同じように、この手の人物は将来現金が戻ってくることを求めて投資をしていることは容易に理解できる。

●機関投資家や年金基金や寄付基金も、最初の二つの例と同じようなものだ。今日、資金が投じられるのは、後に（年金基金であれば将来のことであり、寄付基金であれば現在のことである）返還が約束されている現金を得るためである。

●では、少し難しくしてみよう。ある投資家がこう言ったとする。「自分にお金が戻ってこなくても構わない。生きている間に必要となるものを満たすだけの十分な収入も資産もある。私がこのポートフォリオをできるかぎり大きくしたいと考えているのは、孫たちの将来のためだ」。彼らは自分たちの人生では「現金」を必要としていないのかもしれないが、その目的は変わらない。将来、現金を受け取る（永続的な所得の流れであろうが、一括であろうが）スケジュールが孫の代になっただけのことである。

●さらに難しい状況はあるだろうか。ある者が、自分は収入を目的にはしておらず、投資した資金の価値が増大するのを見たいだけだと言ったとしたら、それはお金を墓場に持っていくつもりはないということだ。それは家族や子供たちなど、遺族たちのためかもしれないが、その投資はいつか現金化しないかぎりは、だれの何の役にも立たないのだ。

現金化は売却を通じて行われる（Xで購入した資産Aを、何年後かにX以上の額、おそらくはXの何倍もの額で売却する）かもしれないし、キャッシュフロー（われわれが配当と呼ぶもの）を生む投資からもたらされるかもしれない。だが、いずれのシナリオでも、最終的な目的は現金が戻ってくることであり、それが部分的か全額か、時間軸が長いか短いかの違いでしかないのだ。

私が言わんとしていることが咀嚼できれば、少なくともそれに抗弁することが無駄であることが分かるであろう。遺贈財産としての投資ですら例外ではないのだ。それは、途中で何らかのキャッシュフローを生み出すか、ある時点でいずれかの受益者のために現金化されることが期待されているのだ（自分たちは遠い将来の子孫のためにやっているのだと振る舞う者がいるとしても、私が言わんとしていることを否定することにはならない）。

より重要な問題は、それが真実であるかどうかではない。なぜなら、根本的にそれは議論の余地はないことだからである。問題は、それがどのような関係にあるか、そして、この啓示が、私が配当成長株投資を理解するうえで当初どのような働きをしたかである。

キャッシュフローを求める投資という考えに人々が抵抗するのは、グロースとインカムでは目的が異なるのだとしたい場合である。すでに書いたとおり、だれかを「グロース株投資家」と呼ぶのは、単にその者の時間軸を指しているのであり、彼らが将来戻ってくる現金に興味がないと言っているわけではない。「目の前のインカム」は分かりやすい目的であるが、「将来のインカム」を求める投資も同じである。だが、「グロース」と「インカム」という用語法は意味論にすぎず、メカニズムや時間軸を指しているのであり、「現金を求めない者」と求める者との違いではけっしてない、と私は主張しているのだ。第4章と第5章において、このような構造の問題が資本を蓄積する者と費消する者にとってどのような意味をなすかを解き明かしていく。

それから、すべての投資の本質は投資した資金の回収にあるという啓示は、ある株式を一〇ドルで買って、長期にわたり保有し、やがて一〇〇ドルで売却することが投資資金を回収する最良の方法の一つになり得るという事実を否定するものではないと言わなければならないだろう。私はそうしようとは思わないが、将来により高い価格で売却することを目的にある金額で株式を買うことは、毎年配当をもたらす株式を買うことと同じで、キャッシュフローを生み出す戦略（うまくいけばだが）なのだということを証明しようとしているのだ。思考過程も異なり、時間軸も異なり、もちろんリスクや構造も異なるものかもしれないが、最終的な目的は同じである。いずれにせよ、人々は将来のキャッシュフローを求めて投資をしているのだ。

投資の世界に設けられた「グロース」と「インカム」の垣根は多分に人工的なものであり、少なくとも役には立たないものであると認識した瞬間、私は第二の啓示を得たのだが、それは一つ目の啓示と合わせ、私の血となり肉となった投資の世界観の礎となった。

ミラー・ハワード・インベストメンツの友人たちはこの第二の啓示を「初期投資額に対する利回り（Yield on Original Investment）[12]」と呼んでいる。つまり、現金を受け取ることを求める投資家のために同社が注意しているのは「現金配当を株式の時価で割ったもの」ではなく、「現金配当を初期投資額で割ったもの」であるということだ。二五ドルで取得した株式が一ドルの配当を支払うとすれば、購入時点で四％の利回りがあることになる。だが、例えば二五年後に投資を回収しなければならなくなったとき、年間配当額が二一ドルとなっていれば、投資家は実に八五％（年）の「初期投資額に対する利回り（ＹＯＩ）」を手にすることになる。配当そのものが二一ドルにもなっているのであれば、当然ながら、株価は二五ドルよりもはるかに高くなっているだろう。株価はおそらく四〇〇ドルを超えるほどになっていると思うが、これはわれわれがよく議論する「直接利回り」がたった四

～五％という計算だ。

だが、投資家がそれ以上に気にしていることは何であろうか。このケースでは、彼らは銘柄を選択する必要はなかったことになる。彼らがボートを買うために資金を必要としているとしても、二五年間で株価は大幅に上昇しているので、大きなキャピタルゲインを手にすることになる。彼らが目の前のインカムを必要としているならば、投資額の八五％も永続的に受け取ることができ、また原証券で巨額の含み益を保持することができるのだ。また、その会社が二五年間にわたり配当を年九％ずつ増大させているとしても、この会社が配当をさらに増大させる可能性もあるわけで、それはその組織の方針次第だ（第３章参照）。つまり、投資家は、二五年前にその株式に支払った額と事実上同じ金額の年間キャッシュフローを手にしているのである。

この仮説を立てるために用いたデータは何であろうか。私が将来の支払い配当額を計算するにあたり、株価の予測も予言もしていないことに気づくであろう。実のところ、私はおおよそ反対のことをしている。つまり、二五年後の仮定の年間配当額が二一ドルであるならば、かつて二五ドルであった株価は将来には四〇〇ドル程度になっているだろうと推定したのだ。私は将来の配当額に基づいて将来の株価（私には知りようがない）評価を行ったのだ。では、どのようにして今日一ドルの配当額が二五年後には二一ドルになると考えたのか。単純に四％（二五ドルの株価に対して配当一ドル）の利回りを前提に、配当が二五年間にわたり年九％増大し、その間再投資されるとしただけである。[13] このように計算すれば、二五年後の配当は二一ドルとなるわけだ。

企業が配当を年九％増大させることは保証されているのだろうか。もちろん、そのようなことはない。この計算において、とりわけ投資家の実生活に当てはめて考える場合に、評価すべきほかの要素があるのだろうか。もちろんである。

だが、本書で私が主張したいのは、現在二・五％、三・五％、または五％の利回り（向こう数十年で配当が八％、九％、一〇％、もしくはそれ以上に増大すると考えている）を持つ企業を見つけることは、向こう二五年間で一六〇〇％上昇する銘柄を選択することよりもはるかに投機的ではない戦略だということだ。また、長期にわたり一つの銘柄を保有し続けることでこのようなリターンを手にする可能性も、継続的に配当が増大する場合のほうが、それがない場合に比べてはるかに高くなる。そして、その間配当を複利運用することが、その銘柄のトータルリターンに最大の寄与をもたらすのだ。

配当もなく、短期間で一六〇〇％も上昇する銘柄があるだろうか。もちろん、存在はするであろう。それらを保有できるだろうか。一銘柄なら保有できるかもしれない。それ以上かもしれない。だが、配当の助けも借りず、またほかの魅力的な銘柄に途中で吹き飛ばされることもなく、純粋な資本増価だけでそのようなリターンを手にする確率はどの程度であろうか。

私の啓示は高成長株の株価上昇の価値を否定することはなかったが、リスクやリワード、そして現実に関する内省を後押ししてはくれた。

また、そのおかげで私は歴史を深く分析するようになった。現在二%、三%、または四%の利回りとなっていながらも、当初の投資額の五〇%、七五%、一〇〇%、さらにはそれ以上の年間配当を支払っている企業を数多く見つけることができた。

図表1―1[14]に取り上げる企業を検証してみてほしい。私が生まれた年（一九七四年）の株価はどれほどだったか、当時の配当はどれほどだったか、当時の利回りはどれほどだったか、現在の利回りはどれほどか、そして今日の初期投資額に対する利回り（ＹＯＩ）はどれほどかを見てみよう

これらの企業の株価には予言の自己実現が見られる。「たしかに、初期投資額に対する利回り（ＹＯＩ）が高いのは素晴らしいことだが、株価がこれほど上昇しているのであれ

図表１－１　S&P500を構成する有配株のYOI（1980年以降）

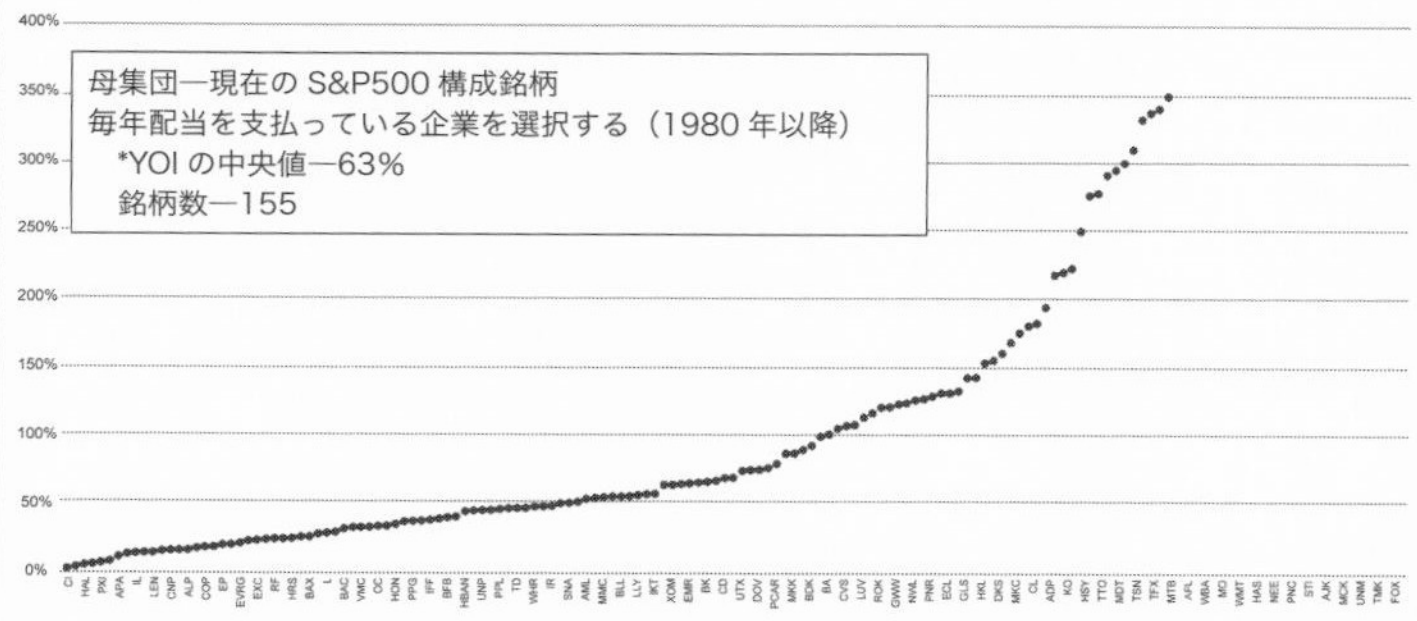

＊全体を見やすくするために縦軸は０～400％までとしている。YOIが400％を超えるものについてはグラフ上にはプロットされていない

出所＝ファクトセット・リサーチ　2018年９月26日　ソリューション・アナリティクス・デパートメント　TBG LLC

ば、だれも気にしないだろう」と多くの人が言うであろう。だが、この論理はいくつか重要な点を見落としている。配当成長株の世界の外側では往々にして見落とされるものである。

一．投資収益は将来の利益に対する信念、もしくは実際の利益からもたらされる。

二．実際の利益が気前よく株主と共有されるとしたら、投資家は配当を再投資（第４章参照）することで自分たちの収益を複利運用するチャンスを手にすることになる。

三．この素晴らしいパフォーマンスを手にする過程で、われわれは配当を通じて

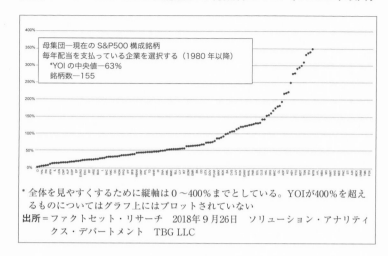

それがなければ理解できないような企業に関する情報を知ることができる。より正確に言うならば、経営陣は配当を通じてわれわれが知らないことを教えてくれるのだ（第3章参照）。

第三者販売機関や投資コンサルタントなど、資産運用業界のサプライチェーンを幾重にも構築するあらゆるたぐいの官吏たちが、「グロース」対「バリュー」、「モデレート」対「コンサーバティブ」といった言葉を好むのも当然である。一つのポートフォリオの異なる側面にレッテルを貼ることが妥当な場合もあれば、そうでない場合もある。だが、私の啓示の基本的な事実を変えるものは何もない。つまり、私の顧客たちはすべての投資家と同じように、現金のリターンを求めて投資をしているのだ。短期的なリターンが求められることもあれば、長期的なリターンが必要とされることもある。一括でのリターンが求められることもあれば、キャッシュフローが永続的に続くことが求められることもある。株価のボラティリティが低いことが求められることもあれば、より高いボラティリティを許容してくれることもある。だからこそ、細かく見ていかなければならないのだ。だが、明確な目的は現金の回収であり、前述の時間軸やほかの要素を考慮に入れれば、私の疑問は次のようになる。

「金融危機後の世界において、リスク管理に照らして現金を生み出す最も確実な方法は何か、今日投じた資金がやがて高い利回りをもたらすようになる最も確実な方法は何か」

つまり、顧客のためにどのようにして高い初期投資額に対する利回り（YOI）を求めるかということだ。

これまで述べた啓示が疑問となり、そして配当成長株投資がその答えとなったのだ。

第2章

流行は巡る――配当成長株の歴史的文脈と現実

「たとえそれが、私が十分に理解しておらず、うまく実践することもできず、また大きな資本を永遠に失う可能性が高い方法を喜んで受け入れたくなるような巨額かつ安易な利益を意味しようとも、私は自らその論理を理解しているこれまでの方法論を捨てることはしない」――ウォーレン・バフェット（一九六七年の株主への手紙）

Ｓ＆Ｐ五〇〇は過去九〇年間で平均年率九・八％上昇した。この数値を聞いたことがあるだろうか。

おそらく**図表2－1**[15]のチャート、またはこれに似た別のチャートを見たことがあるだろう。これは、株式市場全体が最初は下落し、その後は何十年もかけて大幅に上昇したという現実を示すものである。

データポイントが間違っているとか、このチャートは誤解を招くものだと私が言うと期待しているならばガッカリすることだろう。実際に、Ｓ＆Ｐ五〇〇はそのような年間リタ

図表2－1

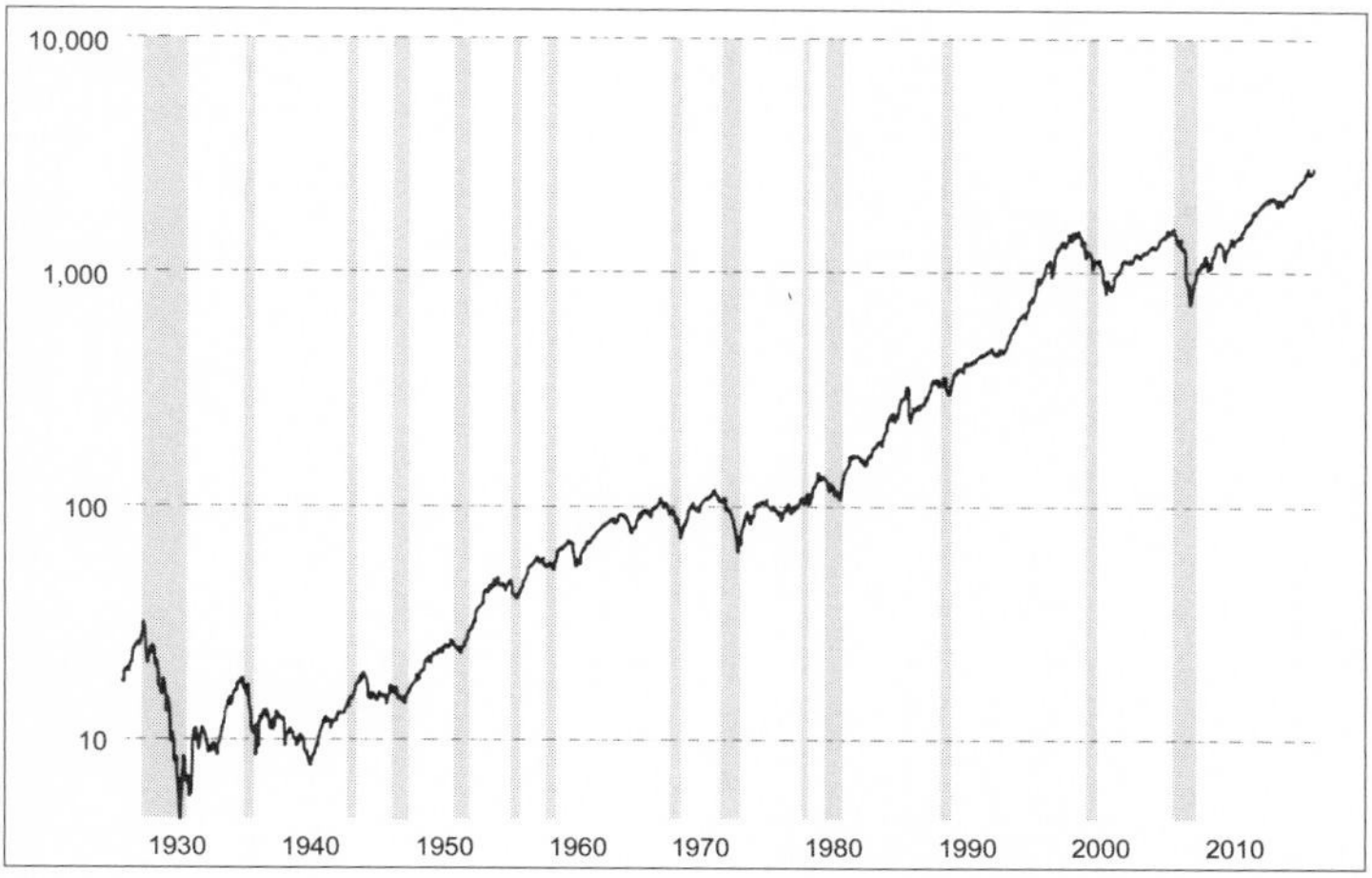

ーン（年間リターンの平均）を生み出しており、このチャートはそれを正しく示している。もちろん、このような広範囲な市場インデックスが生み出したリターンの購買力をインフレがむしばんでいることは言うまでもなく、株式などのアセットクラスが生み出したより大きなリターンについてはなおさらである。たしかに、この期間に発生した弱気相場（一九七四年、一九八二年、二〇〇二年、そしてとりわけ思い出すのが二〇〇八年）は生き抜くには過酷なものがあった。だが、現実問題として、アメリカ株全体に投資をしていた者は、このおよそ一〇〇年の間に年一〇％近い税引き前の名目リター

ンを上げていたのだ。これを歴史的事実としてのみ記すのではない。自由企業の性質、利益追求、資本市場、イノベーション、リスクプレミアムと流動性に対する世界的需要といったものすべてが、われわれが向こう何十年もの間、素晴らしい市場リターンを享受できる可能性が高いことを示していることを伝えたかったのだ。

資本が最も効率的な配分を求め続けることに変わりはなく、それは自由企業も同じである。私は株式市場に対して強気である。これは、ほかの投資対象に比べて、優良企業が上げる将来の利益に対する請求権を手にしておくことは、予見できるかぎりにおいて投資家にとってはかなり魅力的な選択肢であるだろうという意味だ。

では、これは本書が提唱する配当成長株投資とどのような関係にあるのだろうか。

株式のヒストリカルリターンだとわれわれが考えているものの大半は（事実なので信じてほしい）、投資家が受け取る配当がトータルリターンのおよそ半分を占めている時期にもたらされたものである。この比率が将来も維持されるとすると、現在の直接利回りが一・七～二％なので、S&P五〇〇のトータルリターンは三・五～四％ほどになる。つまり、われわれがこれまで享受してきたリターンの半分以下ということだ。

ここで二つのことに言及しなければならない。

一．私はS＆P五〇〇の将来のリターンが三・五％ほどの低さになると言っているのではない。

二．S＆P五〇〇の配当利回りがこれほど低いとしたら、グロース、インカム、リスク、リワード、そして将来に対して異なる考え方をすることが重要であると確信している。

本章ではこのすべてを解明し、現代に生きる投資家に当てはめてみたいと思う。トータルリターンとは、株価の上昇と受け取ったインカム（すなわち、配当）の合計である。投資のリターンが一〇％で、そのうち配当が四％だとしたら、株価の上昇分は六％ということになる。それゆえ、配当の寄与分が今日のように二％余りだとしたら、一〇％のトータルリターンを手にするためには、株価の上昇分は六％から八％に増大する必要があるわけだ。これをさらに展開すると、株価上昇からこれまでよりも三三％大きなリターンを得る必要があるということだ。

これを読んだ人のほとんどが、過去の「強気相場の世紀」よりも三三％も大きな株価の上昇などバカげていると思うであろうし、私がこれから主張することを何でも取り入れる気になったであろう。だが、私が主張しようとしていることにも弱点がある。トータルリターンに対する株価上昇の寄与分が歴史的水準よりも大きくなり得るということは理論上、あり得ることである。何十年もの間、企業は税引き前利益の処分方法として自社株買いを選択することはできなかった。配当と自社株買いについては第8章で詳細に議論するが、ここでは、過去の株式市場のリターンのかなりの部分は今日のそれとは構造的に異なるものだという事実を指摘するにとどめておく。

だが、将来、株式市場のリターンがどの程度になるか、またそのリターンのうち配当と株価上昇が占める割合がどのようになるかにかかわらず、配当が持つ防衛的・攻撃的な利点はこれまでに繰り返し示されてきたのだ。

図表2－2[16]で、トータルリターンに対して配当が一〇年ごとにどのような役割を果たしてきたかを見てほしい。トータルリターンが最も低かった一〇年（大恐慌時代、このミレニアムの最初の一〇年、そして一九七〇年代）において、配当が非常に重要な防衛的役割を果たしていたことに気づくであろう。株価のリターン（左側）とトータルリターン（右側）の差分が、リターンに占める配当を表している。配当が市場の厳しさを和らげられることは明白で、それが将来はまったく異なる働きをすると論理的に予想することはできな

図表2－2

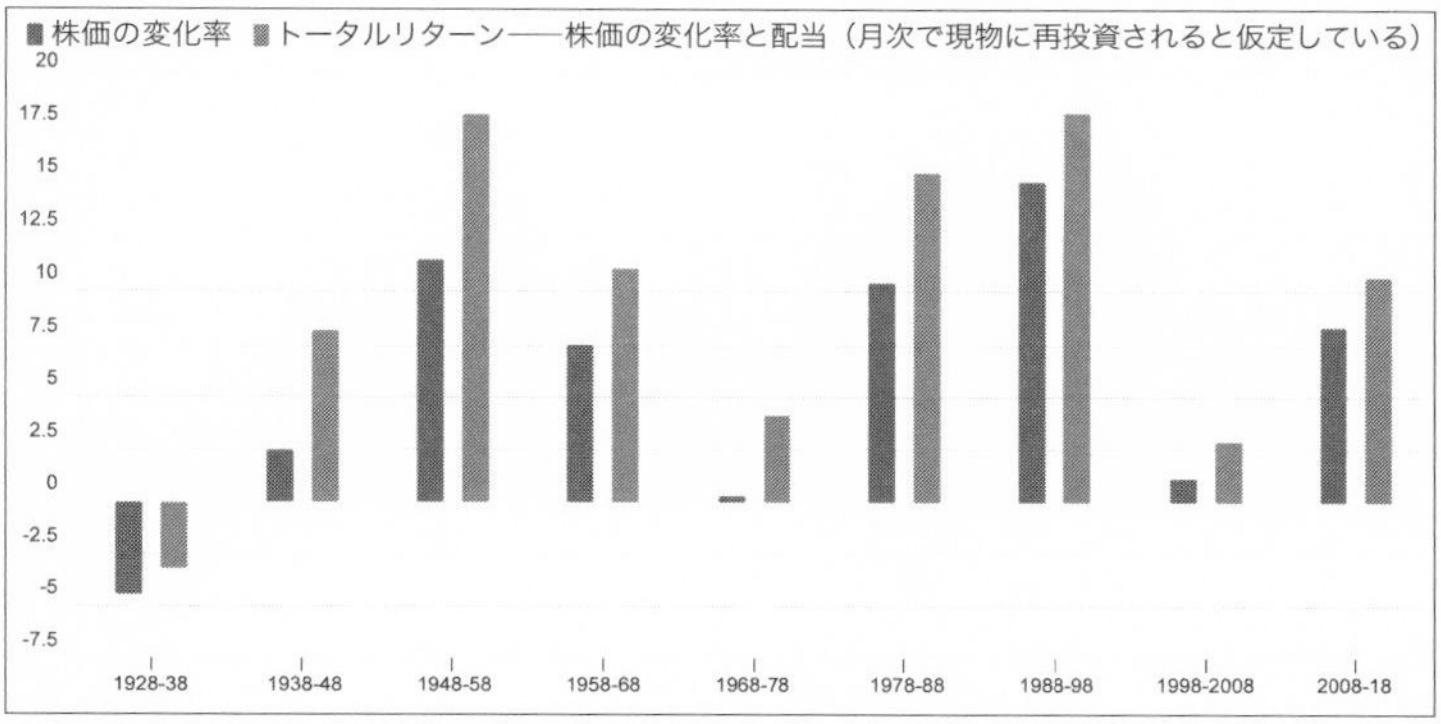

い。

一九三〇年以降、S&P五〇〇のトータルリターンのうち四二％を配当が占めてきた（ここでは配当の再投資は前提としていない）ことが分かっている。一九八〇年代や一九九〇年代の強気相場では、この数字がそれぞれ二八％と一六％に減少した。[17] 直近の一〇年間では、トータルリターンのたった一七％にすぎなかった。だが、二〇〇〇年代はトータルリターンがマイナスだったので、リターンの一〇〇％が配当であり、一九七〇年代には配当がトータルリターンの七三％を占めていた（**図表2－3**）。

いずれの時期においても、トータルリターンに対する配当の寄与度は大きなものがあり、

図表2－3　10年単位で見たトータルリターンに対する配当の寄与度の変化

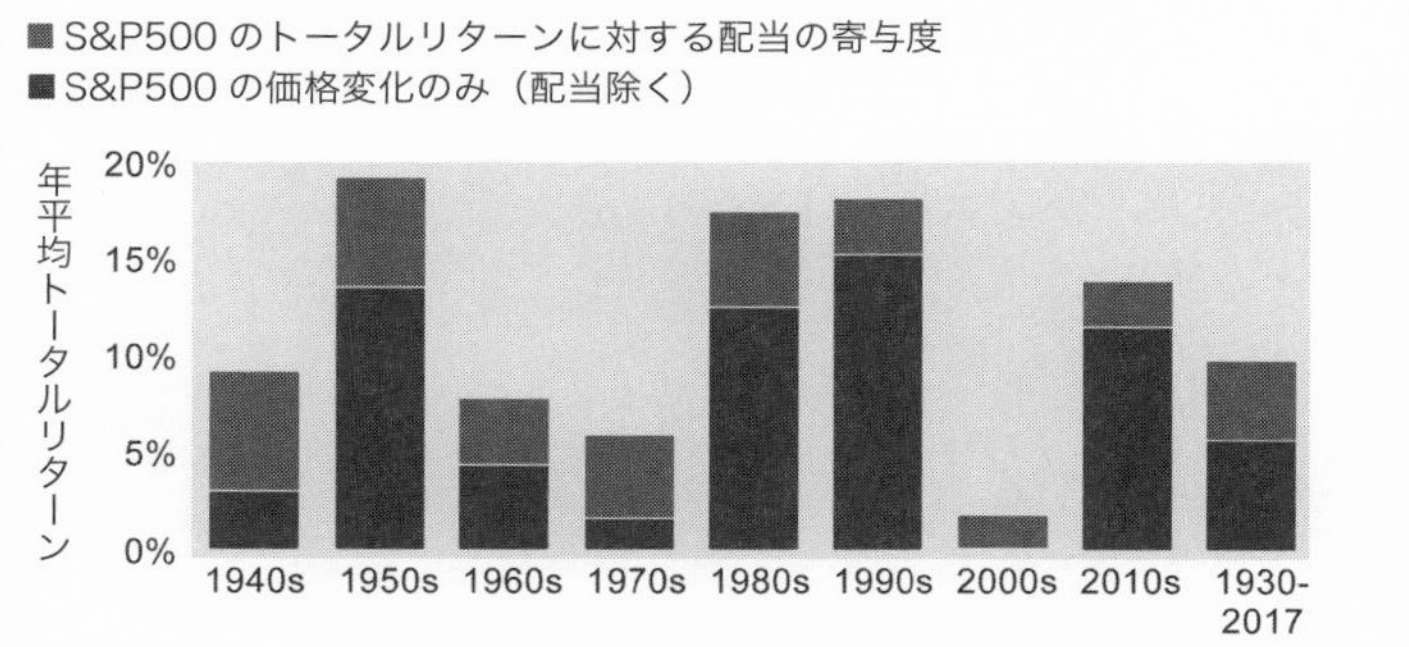

出所＝モーニングスター1/18。2000年代、S&P500指数のトータルリターンはマイナスだった。その間、配当は年利1.8％であった

防衛が最も重要となる時期にはリターンに特に大きな貢献をしている。こう言っても、特段議論を呼ぶことはないであろう。だが、リターン源泉をより広くとらえたらどうだろうか、過去は将来について何を語っているのだろうか。

将来は過去とは異なるものとなりそうだということは想像できる。つまり、第二次世界大戦から一九八〇年代までを通じて配当が市場にもたらした大きな寄与は過去のものである、と。だが、それではなぜ過去の市場リターンが今日においても意味を持つと言うべきなのだろうか。私に言わせれば、そうかもしれないし、そうでないかもしれない。意味を持つかもしれないし、持たないかもしれない。

だが、S&P五〇〇のヒストリカルリターンを議論するときには過去が重要で、当該リターンの構成要素を議論するときには過去は重要ではないとするのは、まさにご都合主義である。

そこには実際に因果関係があり、単なる歴史上の偶然の出来事ではないのだ。景気拡大が長く続く（一九九〇年代を想起されたい）と、市場のバリュエーション（ＰＥＲ［株価収益率］）は増大する。企業は自信をもって税引き後利益を自社の拡大に充当するようになり、投資家に投資の回収を待たせるようになる。事業の拡大が減速する様子がなければ、成長に向けた投資が続く可能性が高いので、そのような期間は株主に現金をもって報いる可能性も低くなる。そのような時期に企業が生み出すリターンを非難する理由はない。というのも、たいていの場合、安定した、驚くほど高いリターンとなるからだ。

だが、そうすると当然ながら、市場の循環に対するイクスポージャーも大きくなる。歴史的に見て、株主に報いようとする企業の意欲が強いほど、避けることのできない市場の下落期における影響は緩いものとなる。ある人は「配当はいらない。もっと成長してほしい、そうすれば自分は企業の成長を促す長期的な力にレバレッジを掛けたい」と言うかもしれない。だが、それは市場の本質を軽視していることになる。アメリカの実業界や自由企業や市場のイノベーション（著者はこのすべてに対して決定的に強気である）に対して強気でいることは、景気循環や創造的破壊を無視することではない。何年（または何十年）にもわたり企業が懸命に稼ぎだした利益を、リスクをとった株主に気前良く払い出していた期間は、成長や再投資またはイノベーションに相応しくない時期だったのではない、むしろまったくその反対なのだ。それはただ、リスクとリワードの関係に対する理解が異なっていたということにすぎないのだ。

現在の成長機会が過去数十年のそれよりも大きいとしても、それは配当を減らすべきということではなく、むしろ支払い配当を増やすべきなのだと主張したい。というのも、創造的破壊が行われる資本主義社会において、より大きな成長に利益を再投資できる機会を有するのは「われわれの会社」だけなどということはあり得ないからだ。一方に当てはまることはもう一方にも当てはまるのであり、「われわれの会社」が成長に集中しているのだとしたら、競合他社も同じなのだ。言い換えれば、機会が増大しているのでリスクが高まっているのであり、その逆ではないのだ。だからこそ、企業は利益を分配することでリスクをとった株主たちを報いるべきなのだ。

企業の成長や勇気に対する再投資と株主への報酬とをバランスさせる必要があるという

議論は新しいものでもユニークなものでもない。わがアメリカ経済は戦後何十年にもわたり大きな成長を遂げてきたが、その間ずっと寛大な配当を株主に払い出してきた。再投資と配当支払い、または債務の削減や自社株買いなど何らかの形式を通じた株主への資金還元との釣り合いは、何十年にもわたって安定的かつダイナミックなプロセスであったわけだが、今後何十年にもわたりそうあり続けることであろう。株主はこの緊張関係を容認すべきであるし、株主に対する資金還元から振り子がさほど離れずにあるときに自らが被る恩恵を認識すべきである。

過去何十年もの間、経済が停滞しているときも拡大しているときも、配当が極めて重要な役割を果たしてきたことを市場の歴史的事実が示している。これまでのところ、配当はS&P五〇〇のヒストリカルリターンの二〇%ほどを占めているのだ。自社株買いや慎重に実行された事業拡大への再投資は、配当が少ないことのデメリットを補う（株価のより大きな上昇を通じて）と考えることは十分可能であるが、リスクイクスポージャーの増大は避けられない。いずれにせよ、リターンに対する配当の寄与度が低いときは、株式投資の防衛体制は再構成される。これは、インデックス投資家が手にするリターンに配当が占める割合が大きくなることはないということでも、現在の状態が最終的に報われないということでもない。トータルリターンをこのように追及しようとすれば、リスクとリワードのトレードオフは必然的に変わるという数学的、歴史的論理を指し示しているにすぎない。皮肉なことに、過去の値動きのすべてが配当を支持しているわけではない。一九九〇年代や金融危機後の二〇一〇年代、トータルリターンに対する配当の寄与度は比較的低いものであったが、長期的なヒストリカルデータを見ると、配当は複利の効果を除いても株式がもたらしたトータルリターンのおよそ半分を占めている（第4章で議論する）。

配当がトータルリターンに占める割合がたった二〇％となった一九八〇年代と一九九〇年代における重要な指標を取り上げさせてもらいたい。株価上昇の大部分は常にマルチプルの増大によるものである。言い換えるならば、ＰＥＲの増大が株価を引き上げるのだが、配当の支払いとは無関係である。では、株式市場のＰＥＲの増大に最も大きな影響を与えるものは何か。金利の低下である。市場のマルチプルにとって最大の脅威となるものは何か。金利の上昇である。結局のところ、金利が向こう数年か、数十年にわたってどうなるかを予想する必要はなく（予想しようとしても正確たり得ないだろう）、過去三〇年間にわたって起こったように金利が一八％超から三％まで下落するようなことはないとだけ分かっていればよいのだ。現在の金利水準から言えることは、一九八〇年代や九〇年代のようなマルチプルの拡大はあり得ないということだけである。

では、同じようなトータルリターンもあり得ないということだろうか。まったくそうではない。実際に、私はまったくもって可能だと考えているが、マルチプルではなく、利益が増大すると思われる範囲において、である。では、利益の増大とは何を意味するのだろうか。より多くの資金を投入しなければならないということである。言い換えれば、歴史を分析し、それを将来に投影すると、配当による寄与が小さくても株式のトータルリターンがプラスとなった環境を生み出していた要素が向こう数年ではかなり違ったものとなりそうだ、ということだ。

アメリカの偉大なる企業がもたらす配当が少ない「ニューノーマル」が正しいのではなく、むしろ歴史的事実は反対のことを指し示しているのだ。成熟企業は「力強い」成長を示した年月を将来も繰り返すことができなくなっているので、株主に適切に報いるためには配当を支払うことが必須となっている。過去に多額の再投資を必要とした高成長企業（マイクロソフトやインテルやシスコやクアルコムなど一九九〇年代の優れたハイテク企業を想起されたい）は、安定したビジネスモデルを脅かすようなリスクのある事業拡大よりも、安定的に、十分かつ魅力的なキャッシュフローを生み出すべき段階にまで進んでいるのだ。

図表2－4　配当と複利の力

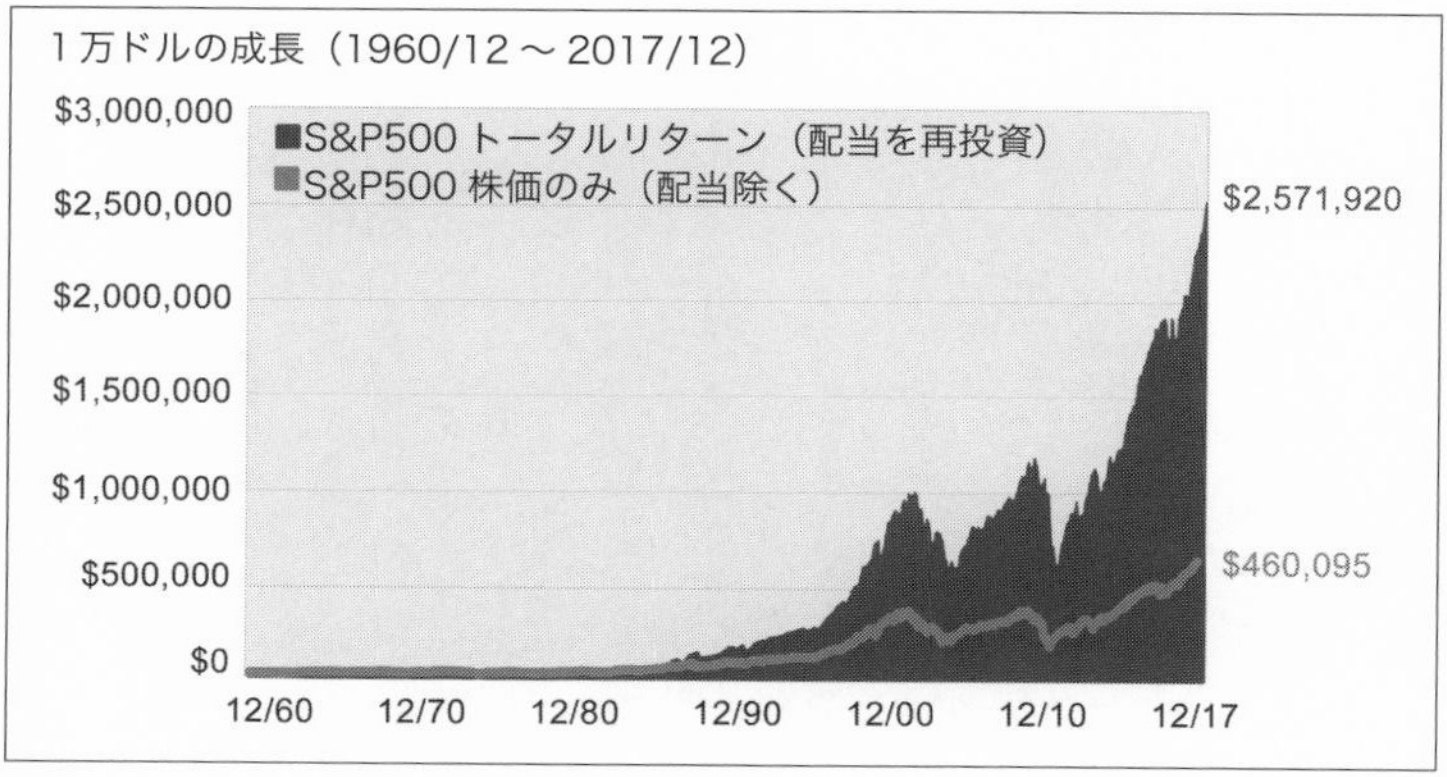

過去一〇年ほどで、アップルほどこの事実を実証した企業があっただろうか。高成長企業が高配当企業と言われるまでに成熟することは失敗ではない。むしろ、彼らは成功の典型例なのだ。過去一〇年[18]でハイテク分野だけでも市場における配当の増大の二七％を占めており、ハイテク企業は配当支払いとは永遠に相いれないとされた過去数十年とは大違いなのだ（**図表2－4**）。

　最後に、われわれはこれまで配当の再投資を考慮しないで、配当について語ってきており、株式投資家が手にするトータルリターンに対する配当の寄与度を大幅に過少評価している。S&P五〇〇の投資家が手にする年間リターンに占める配当の割合が歴史的に見ると四二％にもなることに驚くかもしれないが、実際に長期間にわたる配当の再投資を考慮すると、その数字は八〇％を優に超えるのだ。[19]

配当成長株投資の利点を正しく理解するために、複利が果たす役割については第４章で取り上げるが、実際にそれは本章で紹介した歴史的事実を上回るものとなろう。複利の構造を解明すれば、富を蓄積する手段としての配当成長株投資の枠組みを理解できるであろう。だが、ここではただ、株式投資家が手にするトータルリターンにおける配当の重要性を示してくれる基本的な歴史を理解しておけばよい。

市場を理解すれば、配当はリスクを緩和する役割を果たしていること、とりわけリスクの緩和が最も必要とされる時期にその役割を果たしていることが分かる。ダイナミックな経済では、配当支払いのトレンドやそれに対する企業の態度が変化する。だが、株主配当の弾力性や配当を支払う企業の弾力性は、リスクに目を向けようとも、リワードに目を向けようとも、配当に焦点を当てた投資を支持するものなのだ。

第3章

株式を買うことで配当を得るのではない――配当を買うことで株式を手にする

「規律の文化と起業家精神を組み合わせれば、偉大な業績を生み出す魔法の妙薬になる」――ジェームズ・C・コリンズ

本章と次の三章では、配当成長株投資を論証していきたいと思う。面白いものとなるであろう。第4章では、現在、資産を構築している最中にある読者に向けて蓄財と将来の所得の流れにおける数学的現実を深く掘り下げていく。第5章では、人生で資産を引き出す段階にある投資家に向けて配当成長株の説明を行う。第6章では、配当成長株投資の防衛面だけでなく、その攻撃面について記していこうと思う。蓄財を行う者と貯蓄を引き出す者、それぞれ異なる理由から有配株投資について同じ結論に至る。これらの違いは本質的に構造的なものであり、現実の配当そのもの、そして配当が蓄財や富を費消していく過程でどのような役割を果たすかを解き明かしていく必要がある。

だが、本章はその構造とは何ら関係がない。本章では、配当成長株投資を支持する者のほとんどが見落としがちだと思われる論拠に焦点を当てる。第3章のメッセージは、本章以降のメッセージと対立するものではなく、むしろ、それぞれ補い合うものである。実際に、配当成長株投資を支持する私の論拠が本章で記すものだけだったとしても、論証には十分だと言いたい。再投資による複利について語り始めれば、自らの主張を定量化する機会を得ることになる。ポートフォリオがもたらす正のキャッシュフローから資金を引き出す過程と資産価格の低下とを比較説明することで、その防衛的効果を説明することができる。だが、結局のところ、実際に実行している企業のタイプについて議論することが配当成長株投資を擁護する最良の方法である。

企業が取引所に上場するときに申請する特定のカテゴリーとしての「配当株」などというものは存在しない。もちろん、配当を支払う企業もあれば、支払わない企業もある。配当を増大させる企業もあれば、そうではない企業もある。かつては配当を支払っていたが、今では支払っていない企業もある。かつては配当を支払っていなかったが、今では魅力的な配当を支払う企業もある。実際問題として、配当を支払う企業が顧客にサービスを提供し、従業員を管理し、競合他社と戦い、そして利益を稼ぎだすようになるのではない。企業は顧客に製品やサービス（またはたくさんの製品やサービス）を提供し、また効率的な人材管理や競争優位をもってそれを行うことで、何より重要な収益力を手にするのだ。「配当株」という言葉はあとから付いてくるもので、われわれがこれまで見てきたように多くの場合において、かなりあとから付いてくるものである。企業が配当を支払うことができるようになる以前に、まずはビジネスモデルを構築し、市場でのプレゼンスを築き、顧客を獲得する手段を手にし、費用構造や人的資源を管理し、人材やシステムやプロセスを発展させ、そして初めて利益を手にする。この最後の要素、つまり利益があって初めて配当に関する議論が可能となるのだ。

配当は、企業の利益処分方法の一つにすぎない。企業にとって基礎となるのは、実際の運営、戦略、リーダーシップ、従業員、販売マーケティング、資本構造といったものなのだ。これらすべては利益よりも重んじられるべきことであり、実際に最終的に利益を生み出すための触媒となるものである。われわれは「配当を買う」ことなどできない。というのも、自分たちがどのように考えていようが、われわれが買っているのは配当を支払ってくれる企業なのである。配当は、利益の一部を株主に払い戻すという経営陣の判断にすぎない。利益がどのように生み出されているかとはまったく関係がないのだ。

それゆえ、企業を素晴らしいものにする配当などというものはないと言いたい。ただ企業の支払う配当がその会社の素晴らしさを示しているだけなのである。

ある企業が、防御しやすいビジネスモデル、魅力的な収入源、堅固なバランスシート、利益成長への道筋、強固な競争力、優秀な人材を持ちながら、まったく配当を支払わないということがあるだろうか。もちろん、あり得ることだ。そのような企業が健全な企業で、投資するに値し、市場で素晴らしいリターンをもたらすことができるなどということがあるだろうか。これもまたあり得ることだ。常に可能性はある。だが、われわれが顧客の資金を投じようかと考えている企業を注意して見ていくと、彼らが税引き後利益をどのように扱うかという構造には関係なく、偶然にも有配株であることが共通の特徴として浮かび上がることが幾度となくあるのだ。優良企業と一貫して増大する株式配当とには好循環がある。この好循環が本章のテーマである。

現代の会計規則は美しいものだ。「GAAP（一般に公正妥当と認められた会計原則）」が会計報告の慣例となっているが、これはけっして妄信や当て推量に根差したものではない。数学と科学とに可能なかぎり根差した正当な原則であるが、何にも増して、これは企業が自分たちの業績を反映させたストーリーを語るために用いられるものである。ハーバード・ビジネス・レビューは最近次のように述べた。[20]

「理想の世界であれば、投資家、取締役、そして経営幹部たちは企業の財務諸表に全幅の信頼を置くであろう。彼らはその数字に基づいて、将来のキャッシュフローの大きさやタイミングや不確実性を合理的に予測し、またその結果である価値予測が株式の時価に適正に反映されているかどうかを判断することができる。そして、企業に投資するか、または買収するかどうかについて賢明な判断を下すことができ、それゆえ効率的な資本配分が促されることになる。

残念ながら、これは現実世界ではいくつもの理由ゆえに起こらないことだ。まず、企業の財務諸表は、たとえ誠意をもって作成されたものであっても、的外れとなりかねない予測や個人的判断に依拠せざるを得ない。次に、企業間の比較を可能にすることを目的にした一般的な財務指標は、特定の企業の価値を判断する最も正確な方法ではない可能性――変化の早い業界の革新的な企業ではとりわけ顕著である――があり、それゆえ、それ自体が問題を抱える非公式な指標が生み出されることになる。最後に、経営者や企業幹部は財務諸表に意図的に誤りを盛り込む強烈な誘惑に常に直面しているのだ」

これは、企業の財務諸表がめちゃくちゃだということでも、会計報告の規則としてGAAPよりも優れた制度があるという意味でもない。財務諸表が「操作」され得ることを指摘するのは、人間の性について語るに等しいのだ。理解しておくべき構造的な問題を次に挙げていく。

●国際的に認められた会計報告基準が存在しない。欧州連合はIFRS（国際財務報告基準）と呼ばれる規則を利用し、アメリカはGAAPを利用している。しかし、圧倒的多数の国内企業がいくつもの国にプレゼンスを有しており、実際に外国企業を買収することも多い。二つの会計基準で利益の計測方法の変更内容が大きく異なる可能性があり、今日の極めてグローバル化が進んだ経済では、会計基準が重大な影響をもたらすことが多い。

●スワップやデリバティブの利用によって企業の利益に対する「最終的な影響」を事実上ゼロにすることができ、また既定の数値（例えば、売上高など）を大幅に変えることとさえできる（会計基準による）。

●「EBITDA」はその定義からして構造上やっかいなものだ。これは「利払い・税金・償却前利益」と言われるが、「質の良し悪し」が問題になる場合はどうするのだろうか。

財務諸表には、金融アナリストが当該企業の見通しを評価するうえで極めて重要な情報のすべてが含まれているが、特段役に立たない（実際には内容がなかったり、混乱を招くものである場合もある）情報もたくさん含まれている。上場企業が毎年提出を義務付けられている10－Kは平均すると四万語にもなるが、一〇万語を超えることもしばしばである。私は、情報公開を減らす必要があるとか、現代の会計は必要とされる役割を果たしていないと言っているのではない。むしろ、情報公開が増えることでときに期待したものとは反対の効果がもたらされることがあると言いたいのだ。そして多分に力を持ちすぎ、有能かつ創造力にあふれる財務部門が財務諸表を利用して注意をそらそうとすることがあるが、これが投資家にとって邪魔ともなり得るのだ。

これが配当の支払いとどのような関係にあるだろうか。簡潔に言えば、配当は現金で支払われるものである。会計をごまかそうとするすべての者たち（悪意があろうが、なかろうが）にとって、現金は最もいじくりにくいものなのだ。配当を支払っている企業は強力な計算書類を作成しており、配当の額が増えることでなお一層強力なものとなる。彼らは、自社の成長や戦略の見通しに自信を持っていることを、操作することのできない現金をもって示そうとしているのだ。

私は、多くの人々が「調整総所得」（税務申告書類フォーム１０４０の三七行目）に記しているよりも多くのお金を稼いでいると想定していると好んで口にする。さまざまな理由があろうが、概して税務負担を減らしたいという理由から、可能であれば三七行目の数字を最小化（Ｋ１の所得か１０９９の所得、またはスケジュール「Ｃ」の所得を過少に申告するか、控除や償却を過大に行うことを通じて）しようとする可能性が高いように思われる。申告所得が少なければ少ないほど、税務負担は小さくなる。しかし、税務申告書で課税所得を過大に申告しようとする者はいない。酒場で好印象を与えようと自らの稼ぎを自慢する者がいるかもしれないが、そうする動機も対応方法も税務申告となるとあっという間に消え失せてしまう。自分たちが実際には稼いでいなかったお金に対して税金を払いたいと思う者などいないのだ。

同様の原理が配当に関するメッセージにも当てはまる。ＣＥＯ（最高経営責任者）やＣ

ＦＯ（最高財務責任者）が四半期ごとの決算報告で、「現状に満足しており、前四半期の利益を誇りに思うだけでなく、今後の利益成長にも自信を持っている」と言っているのは何かしらの意味を持つものであるし、喜ばしいことかもしれない。だが、四半期の決算報告でＣＥＯやＣＦＯが「前四半期にわれわれは素晴らしい利益を上げましたが、翌四半期以降も利益は増大するものと思われます。それゆえ株主配当を『Ｘ』から『Ｘを超える額』まで増大させることになるでしょう」と言うことのほうがはるかに強烈な印象を与えるのではなかろうか。

配当は企業の財政的な健全性を実証するに十分な基準ではないが、ほかのいかなる基準（ほかの多くの基準を組み合わせることも含めて）よりも、強力で、明白で、合理的で、現実的ではなかろうか。この問題は、テクニカルとファンダメンタルズとの間に存在する議論を超越するものだ。つまり、そもそもわれわれがファンダメンタルズについて知り得ることの核心に迫るものなのだ。

株式の価値を「テクニカル分析」、つまりチャート上でどのように見えるかに基づいて判断する金融の専門家も多い。この流派では、チャートパターンや統計上のさまざまな指標（定義からしても後ろ向きだ）が、将来に株価がどのように変動するかについて大きな影響を与えるとされる。テクニカル分析の複雑な方法では、チャート上の株価パターンに織り込まれることが多い移動平均やその他の出来高などに関する指標を理解することになる。この流派では、株式の配当やその他のファンダメンタルズにはまったく関心がない。

ライバルとなる流派で、私が独断で支持しているのがファンダメタルズ分析である。ファンダメンタルズに関心のある者たちからすれば、企業の実際の業績が株価を左右するのだ。重要なのはバリュエーションであり、戦略であり、競争優位であり、キャッシュフローであり、利益であり、バランスシートなのだ。つまるところ、ファンダメンタルズ分析は企業の財政的見通しとその株価とを比較し、魅力的な投資テーマが存在するかどうかを判断するのだ。もちろん、ファンダメンタルズを理解することは言うは易し行うは難し、である。ファンダメンタルズに関する他人の結論は当てにならない。ファンダメンタルズは変化し得るのだ。これはリスク資産に投資をする者を邪魔立てするものではない、むしろ、投資にリスクが付き物である理由だと言える。説得力ある分析を行おうとしなければ、投資判断はより誤りやすくなると言いたい。慎重さは正確な結果を保証するものではないが、成功の確率を高めることにはなる。

ファンダメンタルズ分析の世界において配当はどこに位置付けられるのであろうか。つまるところ、配当は企業自身が発表する分析やガイダンスは言うまでもなく、自らが行った分析を補強し、検証するうえで役に立つ。企業は、自社の利益や売上高または簿価に対する株価について異なった指標やバリュエーションを持っているかもしれないが、配当は現実的なバリュエーション指標として用いることができる。というのも、配当を発表すれば、企業は現金を手放さなければならないのであるから、「自らもリスクを負った」指標となる。企業の資産を特定の価額で評価することはＰＢＲ（株価純資産倍率）の計算には役にたつが、「ファンダメンタル分析」の過程に主観や過誤、不安定さといったものが入り込むこともたしかである。そして、企業やその経営陣や財務部門はほとんどリスクを背負うことなく、それらを実行することができる。一方、配当は実在の株主に支払われれば、企業の銀行口座からなくなる現実のお金なのである。資金は出ていったきり戻ってこない。つまり、もはや企業の財務活動の一部ではなくなるのだ。ＩＲＳ（米国内歳入庁）に課税所得を申告した個人と同じように、この支払いには強制力がある。つまり、彼らもリスクを負っている。

企業の利益の検証可能性や持続性は配当の支払いによって確実なものとなるのではない。実際に、かつて多くの企業が配当を利用して、事業の健全性についてアナリストを欺こうとしてきた。だが、企業が問題を抱えていることをおおむね認め、配当を削減するのはいつだろうか。問題の最終局面だろうか、それとも序盤であろうか。問題を抱えている間中、配当を支払い続ける企業は経営的に崩壊している。第9章では減配の問題と配当成長株の資産運用者にとってそのような減配を回避することが最重要事項であることを徹底的に議論していく。ここでの要点は、財務予測というリスクを伴い、間違いを犯しやすい世界において、配当の支払いや、特に永続的に増大する配当の支払いといった現金が関係するときは、リスクや間違う可能性が低減するということだ。

もし企業が利益それ自体の増大よりも速いペースで株主に支払う配当を増加させていれば、やがて資金が足らなくなるのは当然である。配当が最終的に利益を上回り、企業のキャッシュフローがマイナスとなってはならないので、支払われる配当の増加率は利益それ自体の成長率よりも低い、または同程度でなければならない。配当を確実かつ持続的に増大させていく企業は利益も確実かつ持続的に増やしていかなければならない。さもなければ、企業は崩壊する。配当成長の安定性は利益成長が信頼できるものかどうかを示す指標となる。要するに、期待の信頼度が上がるのだ。配当成長は安定した企業のファンダメンタルズを示すと同時に、投資家にとっては投資の安定性をもたらす。まさに好循環である。

ここで何か間違いが起こるだろうか。たくさんの問題が起こる。それゆえ慎重な配当成長株投資の支持者はすべての有配株を同じように扱うことができない。低い金利で借り入れをし、配当という形で払い出すことで財務的なアービトラージをやっている企業は、実際に私が語る配当成長企業の範疇の外側にあるものだ。企業のバランスシートを見れば、負債、資産負債比率、負債の性質、資産の流動性が分かる。さらに重要なことだが、損益計算書を見れば、企業が実際に稼いでいる収入はどのようなものか、そしてどのように資金を利用しているかが分かる。配当を何か別の資金源（借金や留保利益または資本金）から支払っているのではなく、フリーキャッシュフローから払い出していることを見極められれば、配当成長株投資における候補銘柄とそうでない銘柄とを選別することができる。

要するに、健全な企業では負債は容易に管理でき、バランスシートは堅固である。健全な企業ではフリーキャッシュが増大し、慎重な手続きを通じて、そのフリーキャッシュフローから資本支出や合併買収、その他企業の優先事項にどれだけ充当するかが決定される。健全な企業では、フリーキャッシュフローなどから充当される配当を決定するために慎重かつ寛大な手続きが取られている。このような配当政策がもつ慎重さと株主に寄り添う姿勢は企業の財務上の誤りの多く（ほとんどか？）を回避するものであり、企業が慎重な規律を持てるかどうかは、健全なバランスシートを維持し、防衛力あるフリーキャッシュフローを繰り返し生み出すことができるかどうかにかかっている。

これらのプロセスは互いに独立して機能するのではない。互いに相補う関係にあるのだ。これは「ポジティブフィードバックループ」の典型例であり、配当成長株投資の世界では完全に達成可能なことなのだ。

投資家が被る大きな損失の大部分は、特定の戦略を執行できず、その失敗から財政的な被害を受ける企業に起因するものである。過剰な債務も、企業が返済を行っているならば許容され得る。しかし、債務の返済額が企業のフリーキャッシュフローを上回ってしまうと過剰な債務が企業を殺してしまいかねない。公開している大企業の多くにとっては資本市場へのアクセスは必須であり、企業が生きるか死ぬかは資本市場で資金を調達できるかどうかにかかっている。貸し手や投資家を慌てさせるような毀損したバランスシートほど企業を即座に資本市場から追い出すものはない。配当を増大させている信頼に足る企業でも、債務の返済がフリーキャッシュフローをむしばむようになると、配当を維持できなくなる。債務返済義務が安全域を超えると、彼らは株主に寛大な還元ができないのだ。

二〇〇八年の金融危機後の投資では、財政的に危機に瀕している企業を積極的に回避すべきである。責任をもって配当を支払い、また増大させていこうと決心した企業は、その定義からしても財政的危機に瀕してはいない。彼らは投資家が最も恐れるような実在のリスクを大幅に減らしている。

責任を持って配当を増大させ続けている企業のファンダメンタルズを見ると、簿価を上回っていることを示すデータや、経営陣が配当の増大、つまりは利益の増大を確信していることを示すシグナルを見いだすことであろう。配当成長株のユニバースを有効なキャッシュフローを生み出している企業に限定すると、過剰債務ゆえの災難やバランスシートの悲劇というリスクを大幅に低下させることができる。配当を安定的に増大させることができる企業が、シクリカル、または季節要因の強い製品のサイクルを次々に乗りかえるような企業であるはずがない。それゆえ、たいていの場合、債務が大きく、業界自体がその定義からして季節要因が強く、シクリカルで、流行に左右される、変動の激しい一般消費財のセクターでは配当成長株が極めて限られるのである。一〇代の女の子向けの洋服を製造している企業が配当を確実に増大させるのは難しい。一方で、企業の収益源となる最終製品やサービスがシクリカルではない場合、配当を当てにできる可能性は高まる。配当を増大させる企業のキャッシュフローが「デコボコ」することはないと言っているのではない。

むしろ、配当が現実的で、魅力的かつ持続可能となるように、概してキャッシュフローの増減に影響を受けない程度に配当額を「抑えて」いるということだ。

手堅く配当を支払い、またそれを増大させている企業を買おうとする場合にわれわれが選ぶ企業について最後に指摘したいのは、それらの企業では株主と経営陣との調和が成立しているということだ。配当の成長がないとそのような調和は生まれないと言いたいのではない。配当成長という株主重視の政策があるとそのような調和が見られるし、また安定し、守られる、ということだ。

配当成長株が、市場全般に比べて目に見えてボラティリティが低いことは第6章で数値を上げて説明していくが、ここで記しておきたいのは、定量的というよりも哲学的なことである。長期にわたり配当を増大させる企業の「Cスイート（経営者）」の哲学は多くのアメリカ企業のそれとは異なるものであることが分かっている。企業を保有するリスクを引き受けている株主に対する敬意として、継続的に報いるのが当然だと考えているわけだ。リスクを引き受ける株主を尊重することが、経営陣ができる最高の「調和」の一つである。株主は企業の資産を預かる経営陣のいかなる実験的なアイデアも盲目的に支持する存在だと考えることほど身勝手な信念はない。株主に配当を支払うことで、経営陣はすべての四半期において株主を念頭に置くことになる。そのような配当を増大させるすべてを真摯に求める企業は、経営者が採用されている理由、つまり企業を安定的に成長させることで価値を創造することに確実に焦点を当てているのだ。

資産運用を生業とする者として長年にわたり企業の研究を行うなかで、配当成長に価値を置く企業の文化は異なるものだと確信するようになった。株主に報いようとする企業のDNAはまったく異なるもので、彼らは毎年毎年配当を増大させることで株主に報いようとしているのだと私は考えている。短期的なことに集中する企業も、自分たちは株主に報いているのだと考えるかもしれないが、短期的なことに焦点を当てても、株主のために持続可能な価値を生み出すことにはならない。株主価値と投資家重視の姿勢は配当成長を志向することと親和性が高い。配当成長のない企業のCスイートに立派なプレーヤーは存在するのだろうか。もちろん、存在する。配当を増大させる企業にひどいプレーヤーは存在するのだろうか。私は確実に存在すると思っている。だが、あえて一般化した文化的傾向として言えば、投資家は配当成長をもって株主に報いることを選択した企業を追い求めれば、優れた経営陣を有するクオリティーの高い企業に出合うことになる。

あとの章で見ていくとおり、このような配当は富を蓄積する者にとっても、引き出す者にとっても、現実的かつ強力なものとなる。だが、配当成長株投資が対象とするようなクオリティーの高い企業を見いだすことが何にも増して重要である。

第4章

富の蓄積――極端だが世界八番目の不思議

「世界の七つの不思議が何なのかは知らないが、八番目の不思議は知っている。複利での運用だ」
――ロスチャイルド男爵

ほぼすべての投資家の投資習慣を支配する二つの強力な感情があると確信している。恐怖と強欲だ。投資における誤りは、人間が生まれ持つこの二つの感情が大きな要因となっている。

状況が悪いときに恐怖が芽生えるのは自然なことである。本能的にパニックを起こすのは人類の特徴の一つである。この現実が、何にも増して害をなすのだ（付け加えるなら、適切な訓練を受けた資産運用のアドバイザーが対抗しなければならないのもこの現実である）。コインの反対側とも言える強欲は、状況が良いとき、つまりフリーマネーとかイージーマネーのように感じることでリスクや現実が見えなくなっているときの高揚感から生まれるものである。性格に起因すること（「同僚が大きなリターンを自慢しているのを耳にしたので、私も同じような大きなリターンを生み出さなければならない」）も、自暴自棄に起因すること（「引退後の貯蓄が不足しているように感じるが、一発大当たりすれば、取り返せる」）もあるが、その動機はともかく、高揚感に包まれた強欲のために思考が正常に働かない場合、投資ではけっして良いことは起こらない。

恐怖は、投資家が富を蓄積していく間のファクターともなるが、蓄積した富を引き出す段に至って頭をもたげる可能性が大幅に高くなり、人間たる投資家はそれに屈服してしまうのである。恐怖という側面については第5章でさらに多くの紙面を費やして説明していくが、配当成長株投資は防衛的投資家が最も防御を必要とするとき、つまりその富を引き出し、費消していく時期に重要となる。配当成長株投資は、投資において間違いを引き起こしかねない恐怖に対する心理的防御となるばかりでなく、実際の防衛策ともなる。つまり、投資家が最も恐れること（市場が継続して下落するなかで資金を引き出すことで負の複利が発生することによって蓄えが尽きること）に対して論理的・構造的優位性を発揮する。配当成長株投資が持つこの防衛面での効果は、恐怖という側面に対応することになるので多くの投資家にとって重要である。

だが、蓄財について語るとき、われわれは攻撃に関する側面について論じ、強欲に関する側面を説明しようとする。投資家には、やがて自分たち（または自分たちの後継者や相続人）が手にする資金の源泉となる資本を稼ぐ方法がいくつもある。相続、給与の退職基金への繰り入れ、伝統的な貯金や資産売却、その他元本を回収するための伝統的な方法、そのいかんを問わず、投資対象に向けられた資金は合理的で魅力的なリターンを追い求めている。そして、本章で説明するとおり、配当成長株投資は、ほとんどの者たちが理解していない攻撃面における指数関数的効果を提供する。

第3章において、基本的な議論を展開した。つまり、株主に現金を還元する企業がより優れた企業であるという考えだ。元となる投資のクオリティーが最も重要であり、それゆえクオリティーに関する議論を進めてきた。本章では、配当成長株が富を蓄積する者にとって重要であることを示す実際の数理モデルが持つ優れた構造について議論していく。ほとんどの蓄財方法と同じように、複利と呼ばれるものがその基調をなす。それは一見シンプルな計算だが、最終的には大げさだと言われることを覚悟のうえで私も含め、みんなが奇跡と呼ぶような結果となるものだ。まずは、蓄財にとって十分強力な原動力となる通常の複利について簡単に振り返ってみよう。だが、その後、配当成長株投資に見られる特別な複利に目を向けていく。

複利の基本はロケットサイエンスではない。一〇〇ドルを投じて一年で七％稼げば、その年の終わりには一〇七ドルを手にすることになる。単純なことだ。二年目も再び七％稼ぐと、次に手にするのは一一四ドルではない。当初の一〇〇ドルから七ドルを二度稼ぐことになるが、一年目に稼いだ七ドルに対しても七％の利益を得ることになるのだ。それゆえ、手にするのは一一四ドルではなく、一一四・四九ドルとなる。複利運用が二年目にもたらした追加利益は〇・四九ドルと当初の一〇〇ドルの〇・五％にすぎない。だが、複利の「奇跡」には時間が必要なのだ。では、二〇年間で計算してみよう。

まず、一〇〇ドルで毎年七％を稼ぐが、そのリターンを複利運用しない（つまり、二〇年連続で一〇〇ドルに対して七％稼ぐ）としてみよう。

●一〇〇ドルの元本
●七ドル×二〇年＝一四〇ドル
●二〇年が経過した時点での資本の総額は二四〇ドル

では、一〇〇ドルで毎年七％を稼ぎ、それを複利運用する（毎年、前年に稼いだ七％の増分からも七％の利益が得られる）としてみよう。

●一〇〇ドルの元本
●一年目七ドル、二年目七・四九ドル、三年目八・〇一ドル、と続く
●二〇年が経過した時点での資本の総額は三八六・九七ドル

つまり、複利によって一四七ドルのリターンが追加されたのだ。これは、毎年七％を受け取るシナリオよりも一〇七％もリターンが大きいということだ。

なぜ、これが奇跡なのか。

これを実現させるために投資家は何もしなくてよいのだ。つまり、単なる算数である。リターンを七％と仮定するならば、投資家は七％の乗数（マルチプル）を手にするわけだが、何もしないで七％以上のリターンを稼ぐことができるのだ。もちろん、七％のリターンをもたらす投資に付随するあらゆるリスクは引き受けなければならない。だが、ここで指摘したいのは、七％の二〇年分である一四〇％を上回る一四七％のリターンを手にするために、投資家は何も追加で行う必要はなく、ただ数字が膨らむに任せておけばよいのだ。

この明解な簡潔さこそが複利の「奇跡」なのである。

複利の奇跡の真価を認めない投資家が多いのはなぜであろうか。もし私がだれかに「君は二〇年間で一四〇％稼いでいるけど、私が君とまったく同じことをして二〇年で二八七％稼げたとしたらどう思う」と言ったら、ノーという人がいるのだろうか。一四七％のプレミアム、または二八七％のリターンについて話し始めれば、人々は耳を傾けるであろう。そして、これはすべてここで記した現実の算数に基づいているのだ。だからこそ、繰り返しになるが、なぜその真価を認める者が少ないのだろうか、と疑問に思うのだ。

その答えは、一〇〇ドルの投資を複利運用した最初の例にある。そこでは一年目に七ドル稼ぎ、二年目には七・四九ドル稼ぐとした。これは二〇年間で一四七％のプレミアム、二八七％のリターンを生み出した計算とまったく同じものだが、差額は五％、一〇〇ドルに対して〇・四九ドルである。素晴らしいものではあるが、刺激的でないことは明らかだ。投資家はカメには熱狂しない。ウサギが好きなのだ。彼らはウサギを求めているのだ。一四七％のプレミアムにたどり着くのはカメなのだが、皮肉なことにあまりにシンプルで、あまりに痛みが少ないので投資家はその真価を認めようとしないのだ。

痛みが少ないのは良いことなのではなかろうか。複利が持つ簡潔さや明解さは、まさに賢明なる投資のエッセンスではなかろうか。どうしてそれを拒むのだろうか。

　強欲、短期主義、エゴ、自慢話、短気。人々が複利が持つ数学的美しさによる投資価値の増大よりも「大当たり」を好む理由はさまざまだが、そのすべては悪い理由である。複利による効果は必然であり、シンプルな算数に基づくものであるが、それらの効果と時間との間には必然かつ不変の関係が存在する。時間をかければかけるほど、複利の効果は大きくなるのだ。最も長い時間をかければ、複利は最も大きな効果を発揮する。だが、世間はマーケットタイミングや短期主義に取りつかれている。「より良い」ものを手にするために「より長い」時間が必要になるのであれば、投資家は時間、そして自然の摂理に従って生きることが求められるようになる。つまり、ただ複利の奇跡を奉じるにも人格が求められるのだ、と言えるであろう。

　では、配当成長株に代表される複利の「次なる層」について見ていこう。投資家が原資産（ここでは配当成長株ＡＢＣとすることにしよう）を保有しているならば複利は素晴らしいものとなり、当該株式のリターンは長年にわたって複利で運用される。理論上、配当のない株式でも、期待されるリターンを生み出しているかぎりは複利の恩恵を得ることができる。

だが、資本を蓄積している者たちにとって、配当成長株には再投資というコンセプトが含まれる。つまり、受け取った配当が自動的に同じ銘柄に追加投資されるわけだが、それ自体が複利で運用され、そしてさらなる配当をもたらすことになる。配当成長株の投資家にとって複利とは、原資産のリターン、そして配当を通じて追加取得した株式のリターンを長期間にわたって複利運用することを意味する。このプロセスの数学的帰結は見事なものとなる。実務的観点からすると、これは元本の素晴らしい増大と将来の収入につながるのだ。

だが、配当成長株投資を行う者にとって実際にどのような意味を持つのか、ということについてはこれはほんの触りにすぎない。

先の例では、簡潔明瞭な説明を行うために年間のリターンを七％とした。そして議論のため、この七％は仮定した投資期間を通じて増えも減りもしないとした。だが、実際にリスク資産に投資する際には、「平均」リターンと毎年の「実現」リターンはまったく異なるものとなる。毎年毎年まったく同じリターンを生み出すリスク資産（株式や投資信託など）など存在しない。リスク資産のリターンは、複利運用をしたとしても線形ではないのだ。それは変動するので、仮に最終的に平均値が年七％となるにしても、リターンが二〇

％の年もあれば、別の年にはマイナス一〇％になることもある。このように変動する一連のリターンが最終的に年平均七％となることもあろうが、最終的なトータルリターンにとって重要なのはその結果の幅である。

「ボラティリティ」に関するコメントをさしはさむには良いタイミングかもしれない。投資家が気にするのは平均リターンだと言われるが、経験と常識からすると、そこに至る道筋もまた重要である。一連のリターンが、五〇％、マイナス三〇％、四〇％、マイナス三五％、四〇％だとすると、投資家はおよそ年利七％のリターンに満足していると言えるかもしれないが、その間、彼らが経験したローラーコースターはけっして快適なものではなかったかもしれない。一方で、投資家が手にする一連のリターンが一二％、マイナス四％、一〇％、マイナス二％、九％だとすると、平均リターンは先のシナリオとさして変わらないが、そこに至る道筋ははるかに楽しいものであったろう。さらに、ボラティリティが低いと、パニックや高揚感から行動上の誤りを犯すリスクが低くなる。だが、誤解しないでほしい。ボラティリティは株式投資家にとっては避けることのできないものであり、リスクプレミアムの主たる源泉として受け入れるべきものである。だが、すべての条件が同じであるなら、リターンが変わらなければボラティリティは低いほうが好ましいのだ。

これが配当成長株投資とどのような関係があるのだろうか。配当成長株のリターンの分散の平均値は、市場全体のそれよりもかなり小さい。この点とその理由については第6章で取り扱う。だが、配当成長株投資の「ボラティリティを考慮したリターン」は優れているという議論はさておくにしても、リターンのボラティリティが配当の再投資による複利運用にどのような意味を持つのかという現実的な疑問に直面する。

蓄財をしている者からすると、配当成長株投資では原資産の価値の変動から恩恵を被ることになる。というのも、市場が低迷している時期により安い価格で株式を機械的に買い増すことになるからだ。時価が標準的な水準まで回復すれば、それら再投資によって得た株式は投資額以上の価値となり、またそれ自体（当初の元本と合わせて）がさらに多くのインカムを生み、再投資を増大させることになる。期間が長くなればなるほど、直面せざるを得ない「市場の低迷期」の回数も多くなる。その間に配当を受け取り、それを自動的に再投資に回す投資家は市場の低迷期を「忍耐強く切り抜けなければならない時期」から、元本の価値と将来のキャッシュフローという点で「長期的なリターンを増大させる時期」へと変えているのだ。

配当利回りが四％、年間の上昇率が五％、年間配当の成長率が五％（すべて仮定だが、合理的な想定であることはたしかだ）という株式ポートフォリオを仮定し、配当を再投資していくと、一〇年後には当初の一株に対して二・七六株を手にすることになる。[21] だがこれも、配当の再投資と複利運用を組み合わせた計算にすぎない。これが投資家にもたらす実用面でのレバレッジがいかなるものかを理解するためには、彼らはポートフォリオが一％増大すると、二・七六％のリターンを獲得することになる、と考えればよい。当初取得した株式の複利運用に合わせて膨らむ追加取得した株式が小型の複利マシンとなるのだ。実際には五％の上昇は線形ではなく、株価が下方に振れる期間があるとすれば、株価の下落時により多くの株式が追加取得され、それがまた複利で運用され、より多くの株式をもたらすことになるわけだ。

ここでは、二つのダイナミズムが同時に発生している。

●一つ目が顧客の役に立ち、イノベーションを起こし、市場で競争し、そしてすべてのプロセスの原動力となる利益を生み出す企業のファンダメンタルズである。自由企業のエンジンが作動し、投資家がそのようなメカニズムから利益を得る可能性が生み出されるのだ。企業が競争し、収益を上げるに従い、投資家は利益実現の明白な副産物から恩恵を得ることになる。

●二つ目は一つ目に呼応して起こるものである。つまり、複利成長と配当の再投資が持つ機械的・数学的美しさである。

最初の要素がなければすべては無駄である。つまり、事業の成功と競争力が最優先なのだ。だが、二つ目の要素も、投資目的を達成したいと考えている投資家にとって重要である。優れた上場公開企業では時間とともに株価が劇的に上昇するかもしれないが、配当の再投資がもたらすようなパフォーマンスのレバレッジを手にするためには、配当成長株からなるポートフォリオのリターンよりも高い、リターンのマルチプルが必要となる。ではどうすればマルチプルのより高いリターンが得られるのだろうか。まあ、最良のケースでも「より高いマルチプル」のリスクは伴うことになるが。

第1章で紹介した初期投資額に対する利回り（YOI）というコンセプトは、この数学的な構造上の優位性がある場合にのみ有効である。配当は何年にもわたって支払われる。企業の利益成長と配当の増大とが株価（当初の投資額）を押し上げる。その間、配当でより多くの株式を取得（市場のボラティリティによっては平均原価よりも安い価格で）することができ、追加で取得した株式も継続的に増大する配当をもたらすことになる。このような市場の現実が投資期間を通じて積み重なるので、その結果、幾重にもキャッシュフローが創出され、ＹＯＩが実際の予想リターンをはるかに上回るものとなり得るのだ。**図表4－1**[22]にも図示したが、次の結果を検証してほしい。

●配当利回りが三％、配当成長率が年一〇％の株式は、配当を再投資すると二五年後には当初の投資額に対し毎年六五％の利回りをもたらし、二〇年後には三〇％超の利回りをもたらす。

●配当利回りが四・五％、配当成長率が年六％の株式も、二〇年後には同等の結果となる

配当の再投資による複利運用は長期にわたり魅力的な投資成果を生み出すばかりではない。市場のボラティリティが激しい時期にも、実際に起こっているのは投資家の将来の収入の増大であることが分かるので、心の安寧をもたらしもする。市場の下落がどのように蓄財する者を助け、彼らの将来の収入を増大させるのだろうか。それによって将来必要となる配当を生み出すことになる株式が増えることになる。整然と行動でき、自らの利益を

図表4－1　配当の再投資と引き出し

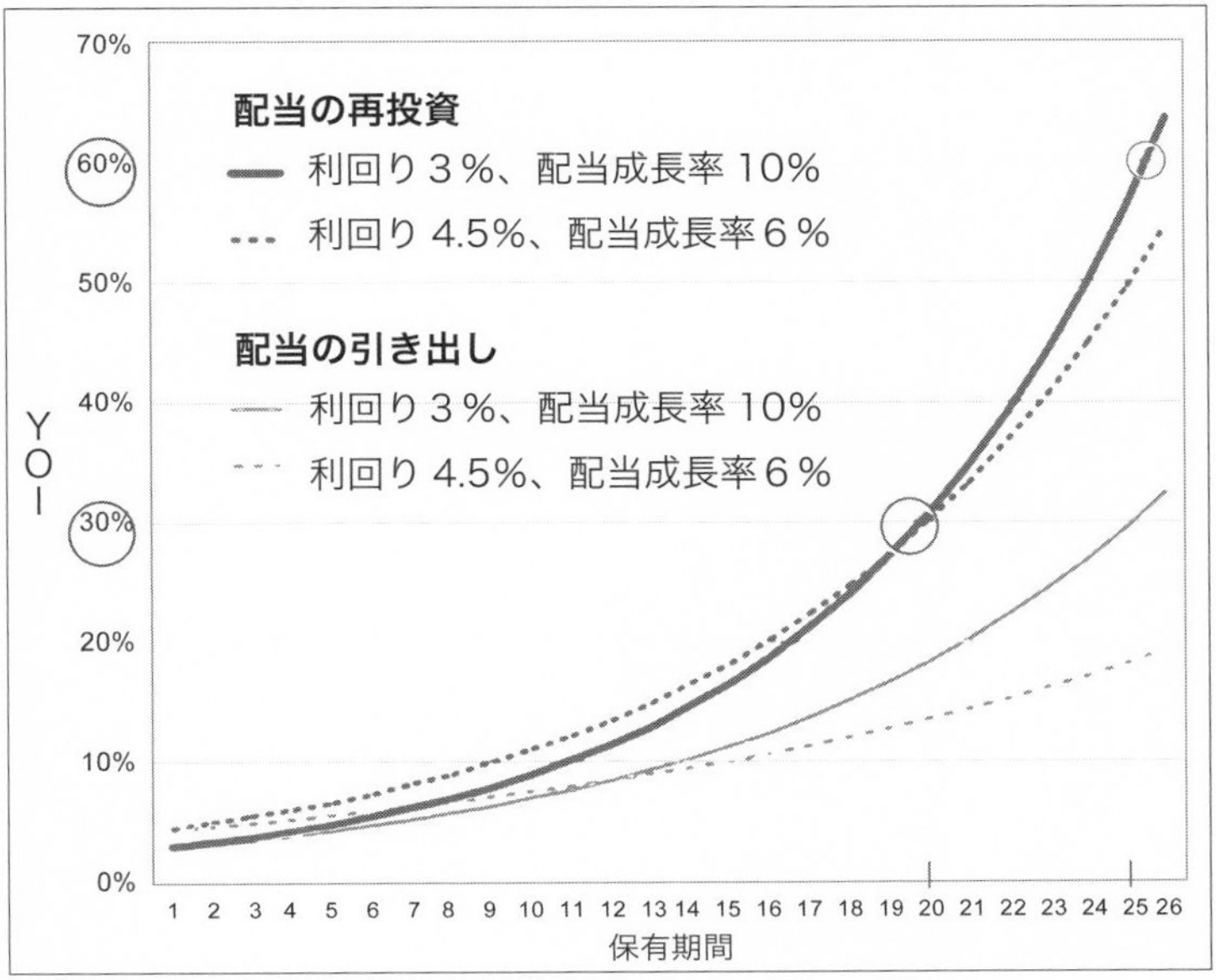

追い求め、状況を把握している投資家にとって、市場の下落は実際には恐れるものではなく、望むべきものとなるということだ。

ローウェル・ミラーは次のように述べている。

ご存知のように、成熟した企業は自分たちの利益から配当を支払う……その特徴は……毎年（または毎年のように）配当を増加させる企業が非常に多いということだ。ほとんどの者たちがこれを素晴らしい恩恵と考えているが、彼らは長期的な視野を持っていないので、この要素の潜在的な力を完全に過小評価している。実際にこれは複利という機械を作動させる電力である。エンジンを作動させるガソリンなのだ。配当成長は、長年にわたって有用なポートフォリオを構築するという難解な問題を解く重要な鍵なのである。[23]

富を蓄積するために増大する配当を複利運用することで市場からリターンを得ることを選択した者にとってのダウンサイドとは何だろうか。われわれはすでにすべてのリスク資産は市場のボラティリティに影響を受けるという明白な事実について話をした。配当成長株も、景気が後退したり、マネタリーベースが変動したり、金利が変化したり、地政学的な問題が発生したり、市場のセンチメントが変化したときには、価格の変動を免れることはない。それゆえ、配当成長株にさえ、すべての市場価格が影響を受けるシステミックリスクが存在する。だが、富を蓄積しようとする者のほとんどがそれを懸念だと認めようとはしないが、私が投資家としてのキャリアを通じて幾度となく目にしてきたもう一つの要素がある。それは「割高株」を見逃す恐れだ。

配当成長株のユニバースで「割高株」が見つかる可能性は低い。というのも、前の第３

章で議論したとおり、配当成長株のユニバースは、防衛的特徴と堅固なバランスシートをもった成熟段階にあるクオリティーの高い企業からなっており、安定的に生み出されるフリーキャッシュフローに基づいて取引されることが多いからである。「割高株」が割高なのは、依拠すべき堅固なバランスシートがなく、またバリュエーションに織り込まれるキャッシュフローがないからである。それらはむしろ、市場の破壊者かグロースアクセラレーターとして市場で異常なまでのバリュエーションが付けられているのだ。ある者はそれが長く続き、正当化されている（グーグルやアマゾンを想起されたい）と考え、ある者は判決はいまだ下されていない（ネットフリックスを想起されたい）と考え、またある者は（実際にはほとんどの者）はその高いバリュエーションはやがて現実的な水準にまで低下する（近年では、ツイッターやスナップやゴープロなどが好例だ）と考える。

富を蓄積する者にとって割高株を避けることは幸いであり、害悪ではないと言いたい。なぜなら割高株を追いかけることはやがて勝者よりも多くの敗者を生み出すことになるからだ。フェイスブックやネットフリックスだけを買った投資家がいるだろうか。もちろん存在はすると思う。だが、ほとんどの場合、割高株の世界は成功物語と失敗が相半ばし、最終的にはボラティリティが高くなるだけで、結果は伝統的な株式のリターンと似たり寄ったりになるものなのだ。

私は、ソーシャルメディア株を五〇ドルで買って、二〇〇ドルで売ることで得られる「フリーでクイック」なお金を望む株式投資家の苦悩には同情的である。本章の最初に記したとおり、強欲、または現実的なリスク・リワードのトレードオフを無視する高揚感に包まれた無謀さは、投資を行う人間には自然なことなのだ。投資において人間が持つダークサイドを見事に制御するためには、配当の再投資による複利運用を通じて、機敏に、注意深く、慎重に、穏やかに、ファンダメンタルズに基づき、防衛的に、継続的に、計算づくで、安定的に資本を蓄積していくべきであると提案したい。

われわれは「割高株」のウエートをゼロ％にしようとはしているけれども、運用資産のうち株式への配分の一〇〇％を配当成長株に充ててはいない。キャッシュフローを生み出していない株式に配分する余地がある場合、われわれは新興国市場で「グロース」投資を追及するほうがより合理的な方法であると考えている。この種のアセットクラスに付随する地政学的リスクや通貨リスクは大きなリスクプレミアムを生み出し、バリュエーションも、より高い内部成長率に対してかなり低くなる傾向にある。ちなみに、ガバナンス構造が成熟し、より洗練された資本構造を持つ国や市場が増えているので、今後の一〇年間に配当が増大するかなり現実的な機会を新興国市場に見いだしてもいる（**付録1**参照）。

また、小型株投資では無配株と配当の増えない銘柄が許容されることがあることも理解している。そこでは、小規模企業が大企業へと成長すること、そして社内の優秀な経営陣やイノベーションがチャンスを作り出すことに焦点が当てられているのだ。われわれは自分たちでこのアセットクラスの運用を行うことはなく、専門特化したファンドマネジャーを利用している（前述の新興国市場のアセットクラスも同様）。というのも、このアセットクラスを運用する能力は極めて専門分化されたものであり、市場のほかの者たちが気づく前に突出した成長機会を提供する限られた企業を見いだすことが求められると考えているからである。

新興国市場も小型株も、われわれがポートフォリオを構築するうえでは「補助的」なアセットクラスであり、顧客がキャッシュフロー（インカム）を生み出すことに「総力をあげる」必要があるときはウエートをゼロとするし、ポートフォリオの価値が変動することに重きを置く顧客に対してもそのウエートはかなり低いものとなる。だが、富を蓄積する顧客向けのわれわれのポートフォリオのコアを成すのは、素晴らしい成長と大きなインカム、そしてインカムの大きな増大をもたらしてきた実績のある配当成長株投資である。富を蓄積している者たちは、売却するまで株価の上昇による恩恵を認識しないのと同様に、一連のインカムが増大することの効果を認識しないのかもしれないが、彼らは投資元本の価値も同時に増大させる、複合的な収入の流れを築き上げているのだ。

第6章で、配当成長株投資が「残念賞」ではないことを論証していく。この株式投資法によるリターンの実績とその可能性は、リスク調整（その魅力を増すばかりである）を別としても優れたものであるとわれわれは考えている。

配当成長株投資の歴史的成功がどれほど明らかであろうと、手っ取り早い儲けを称賛する今の時代においては、この手法は反体制派に属すると私は考えている。暗号通貨、割高株、区分マンション投資、そしてドットコム銘柄（言い換えれば、二〇一七年、二〇一三年、二〇〇五年、一九九九年である）での一獲千金には変わらない魅力があり、そのような「一獲千金」の「サクセス」ストーリーを後知恵で議論するテレビ番組には事欠かない。同じことがさらに続くと報酬をもらって売り込む者も事欠かないであろう。

配当成長株投資の哲学を受け入れるためには、第3章の主張、つまり配当成長株のユニバースは概して優れた経営者を擁する優れた企業からなることを理解する必要があり、そして本章の主張、つまり配当の再投資と合わせ、クオリティーの高い投資を長きにわたって複利で運用することが長期的に富を蓄積する確実な方法であることを受け入れる必要がある。この方法に従って富を蓄積し、とりわけこれがなぜ有効かを知的に理解している者はかなり平和な投資人生を送ることになるであろう。

投資家は保有する株式の時価は気にせず、利益や配当だけを見ていることができれば、投資ポートフォリオについて何ら不安を抱くことはないだろうと言われることが多い。だが、本章の原理を理解している投資家は自ら保有する配当成長株の株価の変動を目にしても、何も心配しないばかりか、実際には大きな興奮と期待とを抱くことになるだろうことを付け加えたい。

私は新たな資金を追加することなく、市場の低迷を利用する投資戦略をほかに知らない。要は、時間、複利、そして配当の再投資という現実が、将来必要となるキャッシュフローをよりスムーズかつ成功裏に生み出すことになるわけだ。

第5章

資金の引き出し方が問題――貯蓄に手をつけるときに負の複利を避けることで幸せに暮らそう

「口座残高を九〇日ごとに確認する代わりに、実際の配当収入を九〇日ごとに確認していれば、もっと優れた投資家になっていたかもしれない」――ニック・マレー

あらゆる投資の重要な目的は、いかなる形にせよ、投じた金額を上回る現金を回収することであることは厳然たる事実である。まえがきに記したとおり、私が資産運用業務に従事した最初の一〇年間は、顧客のための最適な蓄財方法（第4章で議論した）を見つけるだけでなく、最終的な投資目的を実現させる段階にある人々にとって最適な資本の引き出し方を見つけることに費やされた。

それはかなりいびつな時期だった。つまり、ハイテクバブルの頂点で投資業界に入り、その後の数年間に、大恐慌以降最大となるクレジットと住宅のバブルが崩壊したのである。どちらの場合も、投資家たちはほったらかしにされるか、もしくは効率的なコミュニケー

ションがなされずにいることが多かったが、私はそれを変えることができたので、厳密に言えば、自分自身の事業にとっては良い出来事だった。必要となる投資アドバイスを受けていない人々と関係を構築することが当時の私のキャリアには重要だった。つまり、しっかりとした関係を結ぶためには、資本市場の「失われた一〇年」を適切に航行していける堅実な投資判断に信念を持つことが私には必要だったのだ。

顧客は自分たちの資産運用アドバイザーに自信を求めているが、その自信は真っ当なものでなければならない。実態のない空威張りは、この困難な一〇年間で投資家が求めていたバリュープロポジションではなかったのだ。基本的な真実や防衛的な投資原則に根差した哲学的実体が第一に求められたのであり、ひとたびその哲学的実体が腑に落ちるや、私はそれを共有したいという情熱にかられることになった。

何の努力もしないファイナンシャルアドバイザーは顧客に害を及ぼしている。慎重なファイナンシャルプランニング、キャッシュフロー分析、そして周到な計画と結びついた適切なポートフォリオの管理は、われわれが行うべき最低限のことである。顧客は自分たちが聞きたいことを語らせるために私に報酬を支払っているのではないが、これは諸刃の剣ともなる。何か問題があるのに、人々に大丈夫だと伝えてはならないが、何も問題がないのにひどい状況だと伝えることも避けなければならない。

実のところ、後者は前者よりもはるかに困難なことである。政治的には中道右派に属する私の顧客の多くは、二〇〇九年から二〇一六年、オバマ大統領がその任にあったので、市場は暴落すると言ってほしかったのだ。だが、私はそんなことは言わなかった。理由は単純で、私にはそうなるとは思えなかったし、私のビジネスは信頼のうえに成り立っているからだ。私自身が信頼に足る人間でなければ信用を得ることはできないし、顧客が聞きたがっていることをアドバイスとして語るのは誤りであるし、一種の不正行為ですらある。

オバマ政権の数年間を通じて私はこう考えるようになった。統制された通貨膨張は概して市場には良いことであり、その時点での状況にかかわらず大統領はアメリカ市場の規制や税制を改善させてきており、二〇〇八～二〇〇九年に市場が底を打ち、企業業績、そして株式のバリュエーションが反転したことで大幅な株価上昇が期待できそうだ、と。ある時期（二〇一一年）はエネルギー関連株で信じられないほどの配当の増大と株価の上昇があり、また別の時期（二〇一〇年、二〇一三年）には株価のバリュエーションが平常に戻ったことで企業の配当利回りが正常に戻り、また別の時期（二〇一四年、二〇一五年）はFRB（米連邦準備制度理事会）の議題にビクビクしながら取引が行われていた。私はオバマ大統領が株式市場を救ったとも、ダメにしたとも言うつもりはない。私が主張したいのは、もし私が顧客の望みどおり、オバマ大統領がホワイトハウスに陣取っていることで株価が暴落しそうだと言っていたとしたら、私は彼らの財政状態を取り返しのつかないほど傷つけ、また私自身の神聖なるフィデューシャリーデューティー（受託者義務）を犯していただろうということだ。

もちろん、トランプ大統領が就任して以降も同じ（政治的な歪みは異なるものであるが）である。ファイナンシャルアドバイザーの仕事は真実を語ることであり、率直に言って、ほとんどの場合、市場は政治の影響を受けないのだ。もちろん、政策は重要だが、政策はおかしな環境（例えば、一九九〇年代のクリントン時代の市場寄りの政策や、一九七〇年代のニクソン時代の市場破壊的な政策など）で実施されることが多い。党派との相関を見いだすのは難しいのだ。

配当成長株投資における投資資金の引き出しのメカニズムと政治にはどのような関係があるのだろうか。簡潔に言って、私のキャリアでは、人々が望むように「だれそれ大統領がその任にあるので、市場はどうこうなるだろう」と言う機会がなかったのだ。また、私はあらゆる場面において平凡で、不正直で、安易な方法で顧客に助言を与えることを拒否してきたのだ。私が自らの投資アドバイスを人々が望む、政治的に偏向した愚かしいものに変える誘惑に抗うことができるのであれば、実際にはそうではないにもかかわらず、人々の引き出し計画がすきのないものだと伝える誘惑に抗うことができるであろう。

また、一般投資家のかなりの部分が、やがて不適切であることが証明されるような引き出し計画を持っていると言えるだろう。

ポートフォリオの資金化に関する誤りはさまざまである。最も分かりやすい誤りが計算を間違えることである。つまり、まったく持続できない水準、さらには税金やインフレを考慮すればなおさらと言える水準の引き出しが可能だと想定してしまうことである。想定されている期待リターンが当該投資家の実際のポートフォリオには無理があるものであったり、タイミングの悪さやその他の出来事を考慮したストレステストを適切に行っていないことが多い。だが、私が指摘したい最も一般的な誤りは次のものである。

ポートフォリオがもたらすリターンを変動するものではなく線形だと仮定して、十分な手元資金もないポートフォリオから機械的に引き出すように計画を立てること。

この誤りは今日のファイナンシャルプランニングで広く見られるものである。素人投資家や自らの職業的義務をまっとうしようとしないファイナンシャルアドバイザーたちは次のような誤りを犯すのだ。資産を分母にして、安定的に七～九％の収益率を仮定し、生涯を通じて維持が可能だとした引き出し率を当てはめる。「年に八％稼いで、六％引き出すのであれば、残りの人生は大丈夫だろう」という具合だ。

そのくらいシンプルなら良いのだが、二〇〇〇年三月に立ち戻ってみよう。一九九九年から二〇〇一年の間にどれだけの人々が定年退職したか、株式に重きを置いたポートフォリオに投資資金をつぎ込んだか、そして自分たちの投資からシステマティックに引き出す計画を実行に移したかを容易に計る術はない。市場が低迷している時期に投じるべき「現金のバケツ」を維持していなかったとしたら、実際には長きにわたる、いわゆる「負の複利」に突入していたのだ。二〇〇〇年から二〇〇八年にかけて、市場の収益率はマイナスだったのである（S&P五〇〇の配当を含めても、この九年間は年複利マイナス一・五九％であった）。では、この前述の仮定シナリオに現実の一連のリターンを当てはめてみよう。

最初にいくつか補足説明をしておこう。ここではS&P五〇〇に一〇〇％投資している（できれば、それよりも優れた分散を行ってほしいのだが）と仮定する。特筆すべきは、大不況を通じて引き出し計画を変更しないと仮定していることだ。これは現実的なことではないが、ここでは適切な計画を立てないと、引き出し戦略に何が起こり得るのかを説明しようとしており、結果がどれほど乱暴なものであったとしても、思考実験としては意味があるだろう。また、現実には明らかに大きな違いを生む防衛的な計画における選択肢の一つではある一～二年間、利用できる現金の「サイドポケット」は考慮していない。

このシナリオでは、**図表5－1**が示すとおり[24]、二〇〇万ドルを手に引退し、ポートフォリオから年一二万ドル（当初の二〇〇万ドルの六％）ずつ引き出すとしている。ご覧のとおり、三年が経過すると、当初元本から五〇％以上少なくなってしまう。その後、数年間は元本は変わらず、また一〇万ドルほどは戻しているが、最終的に二〇〇八年の終わりには五二万五〇〇〇ドルまで減少してしまった。投資収益としては年一・五九％のマイナスにすぎないが、ポートフォリオは実に九年間で七五％も減少してしまったのだ。まさに、想像できるかぎり最も油断ならない負の複利の姿である。

では、別の見方をしてみよう。ここでは引退者は毎年固定された金額（当初の金額に対する割合）を引き出すのではなく、ポートフォリオの価額に応じて（それぞれの年の六％）毎年金額を変えている（**図表5－2**）。ここで、彼らは最終的に五二万五〇〇〇ドルでは

図表5－1

			当初価額の6％（年）	
年	期初の金額	リターン	引き出し額	残高
2000	**$ 2,000,000**	-9.10%	$ (120,000)	$ 1,698,000.00
2001	$ 1,698,000	-11.89%	$ (120,000)	$ 1,376,108
2002	$ 1,376,108	-22.10%	$ (120,000)	$ 951,988
2003	$ 951,988	28.68%	$ (120,000)	$ 1,105,018
2004	$ 1,105,018	10.88%	$ (120,000)	$ 1,105,244
2005	$ 1,105,244	4.91%	$ (120,000)	$ 1,039,512
2006	$ 1,039,512	15.79%	$ (120,000)	$ 1,083,650
2007	$ 1,083,650	5.49%	$ (120,000)	$ 1,023,143
2008	$ 1,023,143	-37.00%	$ (120,000)	**$ 524,580**
		－1.59%　9年間の平均リターン		

図表5－2

			毎年調整した価額の6％	
年	期初の金額	リターン	引き出し額	残高
2000	**$ 2,000,000**	-9.10%	$ (120,000)	$ 1,698,000.00
2001	$ 1,698,000	-11.89%	$ (101,880)	$ 1,394,228
2002	$ 1,394,228	-22.10%	$ (83,654)	$ 1,002,450
2003	$ 1,002,450	28.68%	$ (60,147)	$ 1,229,805
2004	$ 1,229,805	10.88%	$ (73,788)	$ 1,289,820
2005	$ 1,289,820	4.91%	$ (77,389)	$ 1,275,761
2006	$ 1,275,761	15.79%	$ (76,546)	$ 1,400,658
2007	$ 1,400,658	5.49%	$ (84,039)	$ 1,393,515
2008	$ 1,393,515	-37.00%	$ (83,611)	**$ 794,303**
		－1.59%　9年間の平均リターン		

なく、七九万四〇〇〇ドルを手にしていることが分かるが、年間の暮らしぶりは最大で五〇％（二〇〇三年）もの調整を行っており、キャッシュフローは期待していた額の六〇～七〇％にとどまっている。元本が九年間で六〇％減少するなかで、毎年のインカムを三〇～四〇％減少させることにどれだけの人が関心を抱くだろうか。

警告を繰り返すならば、いくつかの調整を行えば、そのような悲惨な結果を回避することができた可能性が非常に高いであろうし、私はそう考えている。前述のとおり、リターンの源泉をすべて市場リスクにさらし続ける必要がないようポートフォリオのなかで資産配分を行うことは言うまでもないが、手元資金を利用することも極めて有効な方法の一つである。

だが、このようなシンプルなモデルでは、人生で最も確実な三つのことのうちの二つ、つまり税金とインフレを考慮していないのだから、最も恐ろしい事態をとらえていないということもできる。退職口座から引き出した資金に対する妥当な税率や投資税を考慮し、また引き出し率をインフレ率に合わせて引き上げれば、これらの数字はあっという間にもっともひどいものとなってしまう。

ここで自らの説明を批評するとすれば、あからさまなチェリーピッキング（都合の良いようにすること）を指摘するであろう。私は市場のバリュエーションが最も高い（バブルそのものだ）年を期初とし、大恐慌以来最悪の暴落があった年を期末としている。実際に二〇〇八年一二月三一日を期末としているのだ。だが、二〇〇九年の一月と二月まで含めたら、あまりに痛々しくて見られないことになる。言うまでもなく、この二カ月は思い出したくもないほどひどかったのだ。だが、これがチェリーピッキングであることはたしかであり、それゆえ、望むのであればデータの一部を無視してもらって構わない。だが、その場合の問題は、二〇〇八年の暴落が極めてまれな出来事ではあったとしても、二〇〜四〇％の下落というのは前例のないものではないわけで（二〇〇八年、二〇〇一〜〇二年、一九七三〜七四年）、ポートフォリオからの引き出しについて代替的な方法を比較することが目的であるとしたら、実際の状況を前提とするのは適切なように思われる。

私は、「二〇〇八年のようなことは二度と起こらないのだから、別の引き出し計画が必要だ」と言いたいのではない。実際に、私は市場のリターンについては何も言うつもりはない。市場の見通しではなく、異なる枠組みを提示したいだけなのだ。市場の見通しについて議論しようとするならば、市場リターンにイクスポージャーをとることの重要性について議論するべきだろう。弱気相場の存在を避けられないとしても、株式のリスクプレミアムは投資ポートフォリオの礎であり、膨大な富を創造し、かけがえのないインフレヘッジとなってきた。

私は株式のボラティリティ（そして、それゆえのリターン）を回避しないと言いたいのではない。まったく反対である。資金の引き出しの段階においては、負の複利という現実にさらされないような異なるメカニズムを検討しながらも、株式のアップサイドを受け入れるべきだと言いたいのだ。

二〇〇〇～二〇〇八年は偶然にも劇的なまでの市場の下落に挟まれた時期であった。一方で、一九六六～一九八一年は必ずしも同じような市場の下落を経験したわけではないが、ポートフォリオからのインカムを別とすれば、市場リターンは長く停滞していた。言い換えれば、株価が線形に上昇することに頼るのは、資産の引き出し戦略としては不適切であることを示す先例は数多くあるということだ。

前の第4章において、複利という数学的奇跡、そして配当の再投資による複利という二重の奇跡を検証した。資金の引き出しの段階に突入した人は、配当の再投資による成長効果よりもさらに歩を進めなければならない可能性が高いであろう。それよりも、資金を回収すべきときなのだ。配当を将来のさらなる配当を得るための手段として利用するのではなく、食料を買ったり、孫たちへのプレゼントを買ったり、カリブ海でのクルーズに出かける資金として利用するべきときなのだ。

リターンが線形ではないポートフォリオから線形に資金を引き出すことによる負の複利に対する第一の対抗策は、配当はけっしてマイナスになることはない、ということにある。ポートフォリオ全体のリターンはプラス一〇%となるかもしれないし、マイナス一〇%となるかもしれないが、配当利回りが〇%を下回ることはない。引き出す資金に占める配当の割合が増えれば増える（私としては、母数となる資産と配当利回りがそれを可能とするならば、引き出し額の一〇〇%となることが望ましい）ほど、計算上、負の複利が発生する可能性が低くなるのだ。

二〇〇〇～二〇〇二年に市場が暴落したとき、S&P五〇〇の配当利回りはどうなっていただろうか。指数がもたらした配当は事実上横ばいだったが、前年より低下したとしても、一桁台前半（およそ三%）の減少であった。だが、それでも正の数字であることに留意してほしい。つまり、株価水準が低下する（正確には三年間でおよそ五〇%）なかで、払い出された現金はポートフォリオにはプラスだったのだ。

S&P五〇〇の配当利回りを利用しても通用するのであれば、私の主張はより一層強いものとなろう。配当成長株投資に関する書籍を書いていくうえで重要なのは配当成長株投資を提唱することであるが、それは配当をまったく支払わない一〇〇社以上の企業や、配当が少ないか増やさない二五〇社を保有しないことでもある。私の主張がＳ＆Ｐ五〇〇が持つ配当や利回りの特性に当てはまるならば、真の配当成長株に意識的に特化したポートフォリオではどれほど有効かが分かるであろう。

われわれは市場リターンそのものではなく、市場リターンの不自由なスケジュールに対応する術を求めている。配当はリターンの性質（株価の変化はマイナスとなり得るが、配当はマイナスとはならない）とリターンのスケジュール（株価は上昇するとしても散発的であるが、配当は線形で当てにすることができる）という二つの懸念を和らげてくれる。

第９章では、減配は回避できるし、またそうしなければならないということについて議論していく。その方法を受動的に再現するのは容易だと主張しているのではない。だが、本章の目的（必要となるインカムまたはキャッシュフローを実現するために投資ポートフォリオから資金を引き出すいくつかの機械的な方法を評価する）に合わせて、総じて減配を回避することに成功していると想定しているにすぎない。このシナリオでは、引退した人は次に挙げる二つの素晴らしい事柄（実際にはそれ以上）を達成することになる。

一．市場の変動に対する懸念から自らを守ることができる。株価水準は上がったり下がったりするものだが、それでもインカムは増大し、十分かつ安定したものとなる。

二．また、毎年の実質所得を増大させることができる。配当成長株からなるポートフォリオは配当の増大をもたらす（すなわち、配当それ自体が増大する）。引退した人はインカムを減少させたくないし、また市場が停滞しているときに引き出し額が市場の収益を上回ることで元本が毀損するようなことは避けたいと考えている。だが、彼らにはもう一つの目的がある。つまり、インカムを増大させることだ。第7章では、究極的なインフレ防衛策としての配当成長株投資について詳しく解説していくつもりだが、ここではただ数字に着目している。市場の状況とは無関係にポートフォリオがもたらすキャッシュフローが増大し、それによって投資家は株価にとらわれることなくインカムの増大を享受することができるようになる。

ポートフォリオからの引き出しという問題について配当成長株投資に劣る選択肢として無配株や広範な市場インデックスだけを取り上げるのは不公平だと思う。S&P五〇〇から機械的に引き出すことよりも一般的な戦略の一つが、必要なインカム（つまり、一定の収入）を生み出すことができる債券投資であろう。

「フィクスト」インカムの大きな欠点は、当然ながら、インカムが「固定されている」ことである。インフレや税金の存在は必要となるインカムが一定ではなく、むしろ増大していくことを意味している。だが、債券では元本から引き出さざるを得ないだけでなく、それを相殺する成長を期待することもできない。先のS&P五〇〇に関する分析結果では市場の状況によって元本が減少する可能性があることが示されたが、少なくともそれを相殺する成長の期待や機会はあった。債券では、必要となる引き出し額の増大と同じだけインカムを増やすためには元本を毀損させることになり、またそれを相殺するだけポートフォリオが増大する可能性はまったくないのである。

さらに、現在の環境もまた問題となる。もはや債券は適切な代替案と考えられるような水準のインカムをもたらさない。一〇年物国債の利回りが三％を下回っている環境では、投資家は適切なクーポンを得ることができないし、金利が上昇することによる価格リスクをも背負うことになる。リスク・リワードのトレードオフが極めて非対称なのだ。

ここで注意したいのが、債券はポートフォリオで役に立たないと言っているのではないことだ。われわれは資産配分を行っており、それぞれの投資家が必要とする流動性やボラティリティの許容度に応じて適切な分散を行うべきだと考えている。だが、私が批判しているのは、変動する引き出し額を生み出すためにフィクストインカムを利用するというアイデアである。それでは、そろばんが合わないのだ。

では、われわれは何を思い描いているのだろうか。実際、配当成長株からなるポートフォリオで引き出し戦略がどのように機能するのか、それに対して、多くの人々が意識的または無意識に実践している機械的な引き出し方法がどのように機能するのだろうか。

図表5－3が示すとおり、投資家が毎月必要とするキャッシュフローに合わせて、彼らの当座預金口座に安定的に線形の預金を生み出すことがそのコンセプトである。彼らが月々必要とする支出が一万五〇〇〇ドルで、外部からの収入（年金や特許収入など）が五〇〇〇ドルあるので、毎月一万ドルをポートフォリオから得る必要があると仮定する（繰り返しになるが、ポートフォリオの価値と必要経費は個々人のニーズやライフスタイル、資産などによって変動するので、これも仮定にすぎない）。余剰資金からなる「フィーダー」口座が投資口座からすべての配当を受け取り、顧客の当座預金口座に毎月一定額を「フィード」しているのが分かる。投資口座の価値は変動する（だが、すでに議論したとおり、

図表５－３　キャッシュフローメカニズムの仮説モデル

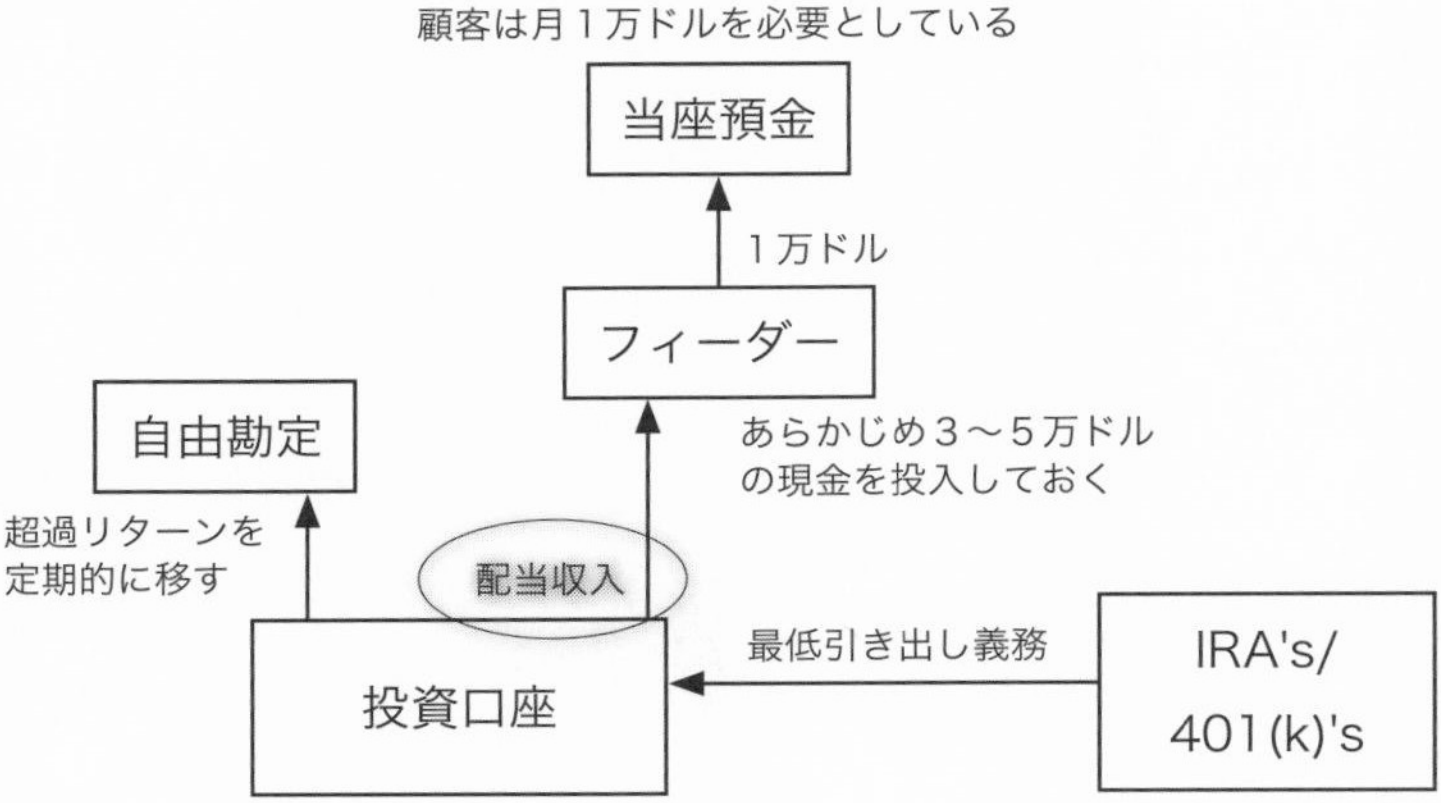

高ベータのポートフォリオほど変動することはないだろう）が、顧客が受け取るキャッシュフローに対してはさしたる影響はない。「株式」は投資ポートフォリオに据え置かれ（引き出しを可能にするために売却する必要がないので）、インカムがフィーダーに流れ、線形の安定した引き出し資金を生み出している。ここで、月々の必要資金を上回る追加の軍資金（すなわち、旅行代、ボート、車、おもちゃ、孫のお小遣いなど）を求める人々がいるだろうが、このプランでは、「元本」保証のフィクストインカムではなく、リスク資産に資金を投じているので、長期的には超過リターン（配当に加えて）が生み出されるはずである。そのときどきに顧客と相談しながら戦略的・理性的に利益を実現する

ことができるので、アドバイザーは自由勘定に資金を供給することができるが、市場リターンがマイナスのときにはそうする必要はない。

基本的なプログラムには修正が必要だ。必要となる引き出し額に対応するためには、細々としたファイナンシャルプランニングが必要となる。また、インフレを相殺すべく定期的な増額も考慮すべきである。「フィーダー」口座の「余剰金」は、求められる流動性、必要となる引き出し額に対する投資ポートフォリオの規模、そして投資家自身が「ゆっくりと眠れる」快適度に応じて変化することになる。寛大な計画には、求められる個人退職金積み立てからの支給金に関連があるかもしれない。実際に、運用の母体となる資産が課税前の口座に大きく偏っていて、引き出しにあたっては課税の影響を勘案しなければならない投資家もいる。だが、これら詳細な問題は、包括的なファイナンシャルプランニングの一部としてケース・バイ・ケースで対応され得るものである。

ポイントは、負の複利という現実から身を守ることができるメカニズムを構築することにある。「ポートフォリオの利益」を安定的に費消しようとする投資計画を提示されたら、私は負の複利に対して脆弱な投資計画を示すことであろう。強気相場（例えば、一九八二～一九九九年や二〇〇九～二〇一八年）で増大するポートフォリオから資金を費消することは有効かもしれないが、そのような時期でさえ、それが税金面で最も効率的ではないかもしれないのだ（本題からそれているが）。資金の引き出しの段階にある人の多くは、自分たちが実際に強気相場のなかにあるのかどうかを思い悩みたくはないものだ。だが実際には、すべての強気相場に無数の騰落や動揺、そしてしゃっくりが付き物なのである。

実際に、一年のうち市場が下方に振れる平均値を検証してみればよい。市場環境が本当に優れているときでさえもだ。市場が優れたリターンをもたらしている年でさえ、一年のうちに七～一八％下落するなどということは可能性があるというばかりか、十分にあり得ることなのだ。一九九五年や二〇一七年などは市場の最大ドローダウンは三％であったが、下方のボラティリティの中央値は一〇％を超えている（**図表5－4**）。これは一連の引き出し方が重要であり、配当成長によってこの過程を管理し、顧客の資本を守り、そして市場環境に関係なくインカムの増大を追及できるようになるということだ。

この構造的な利点はそれ単独で存在しているのではない。市場が変動するなか、増大するキャッシュフローから引き出すことは大きな利点であるが、それはまた、ポートフォリオ全体のクオリティー、ボラティリティの低減という現実、そして増大する費用に対するヘッジとともにあるものなのだ。これらすべての利点が組み合わさることで配当成長株を

図表5－4　年間リターンとその増減

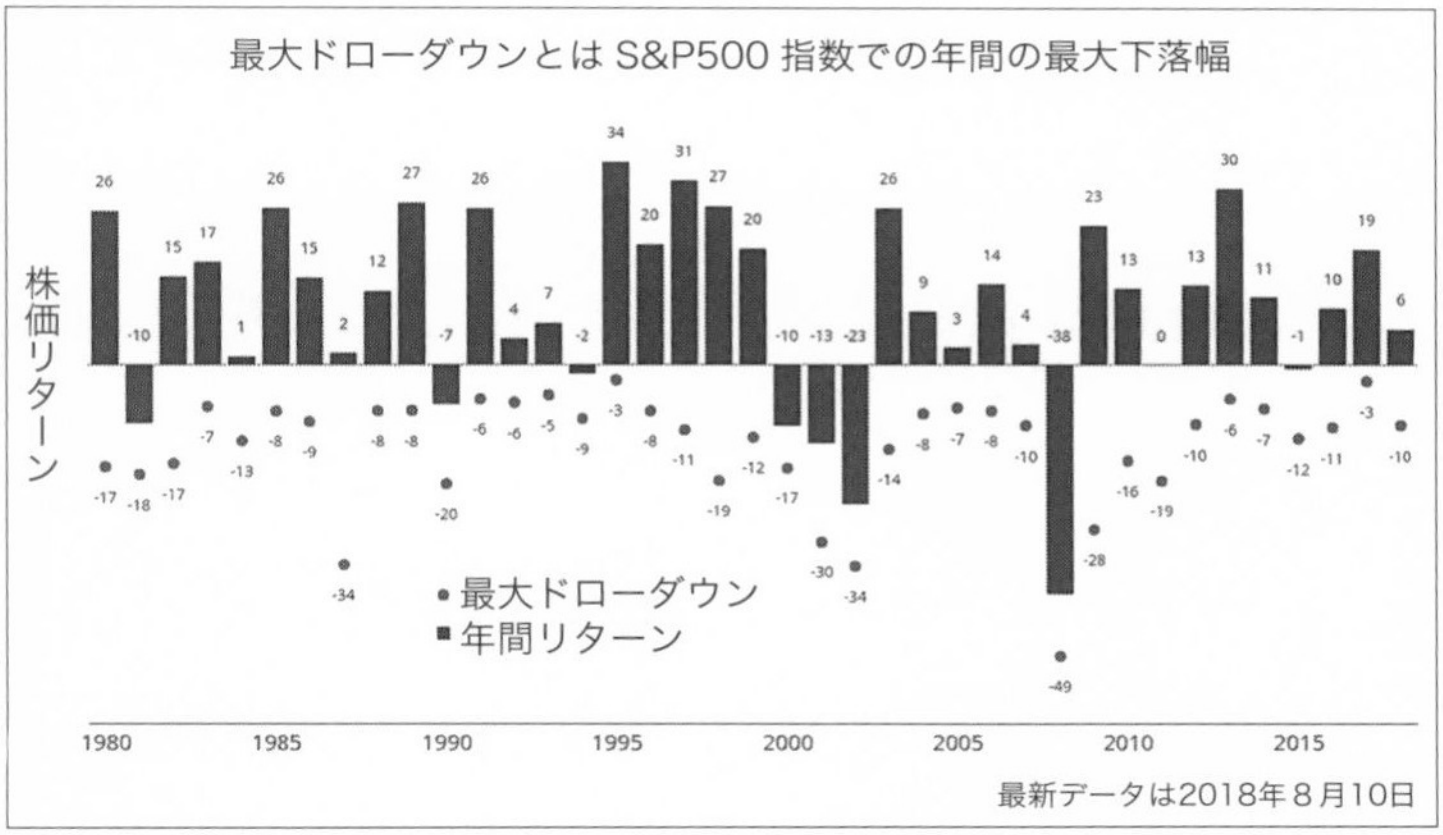

正当化しているのである。

本章でのわれわれの目的は、「配当の再投資」から「配当からの引き出し」にダイアルを切り替える効果を説明することであるが、そうすることで「リスクと変動を伴う投資戦略を用いて、安定的に、変化のない消費計画の資金を手当てする」現状維持の手法を置きかえることになる。[25]

資金を引き出す最も一般的な方法が次の二つであることに私は何とも言えない奇妙な印象を覚える。

一．下落する可能性が極めて高い株価から線形に引き出す。

二．下落する可能性が極めて高い債券のクー

ポンから線形に引き出す

第三の選択肢があるとすれば、

三．下落する可能性のない株式配当から線形または流動的に引き出す（これが読者の選択肢だ）

第三の選択肢が優れていることは自明である。つまり、引き出し額を自由に選ぶことができ、一定の金額を引き出すことも、変動させること（つまり増やすこと）もできるのだ。そして、選択肢の1と2が本質的に抱える大きなリスクをとり除くことができる。つまり、必要となるキャッシュフローを引き出すために取り崩される資産の価格低下に対するイクスポージャーである。

配当が保証されていないことは承知しているが、S&P五〇〇の価格のボラティリティや債券利回りの低下について議論するときに異常な事態を取り上げるつもりはない。現在、一〇年物国債は、私が生まれた一九七四年の三分の一の利息しかもたらさない。S&P五

○○のボラティリティは非常に安定している（そして、蓄財を行う者として、私が進んで利用するものでもある）。だが、私が問うているのは、配当成長株が配当を減少させた前例があるだろうか、ということだ。さらに重要なことに、二〇〇八年の極端な例を引き合いに出す以前に、配当成長株に分散されたポートフォリオで現金の分配を減らした例があるだろうか。そのような例を見つけようとしても無駄であろう。

この問題についていかなる議論をしても、元本からの引き出しが少なければ少ないほど、資金は長続きするということ以外の結論に至ることはなかろう。配当成長株投資を行うわれわれの目的は、今日も明日も顧客が必要とするキャッシュフローを生み出すことである。ここで言う「明日」ははるかに長い時間を意味しているので、引き出しの段階にある者の投資戦略が耐久性と常識とを確実に持ち合わせるようにしなければならないことの重要性はより大きなものとなる。安定して増大する配当から引き出すことでその双方を得ることができる。

第6章 機会費用という神話――配当成長株投資が残念賞ではない理由

「長期的なリターンを左右する最も信頼に足る原動力となるのは、スタイルでもセクターでもアセットクラスでもなく、概して長期にわたるインカムの複利運用であると私たちは考えている」――ミラー・ハワード・インベストメンツ

直前の三つの章では、配当成長株投資を支持するさまざまな主張に焦点を当ててきた。つまり、配当成長株を代表する企業の優れたクオリティー、配当の再投資によるリターンの複利運用が持つ数学的効果、そして最後にマイナスになる可能性のある株価を当てにするのではなく、正のキャッシュフローから引き出すことの防衛的効果である。これらすべての主張は、それ単独でも強力ではあるが、総体として配当成長株に対する私の信念を支えている。

本章は、長期的に優れたパフォーマンスを示す戦略を支持する追加的な主張だととらえ

ることもできるが、それは私が実際に意図するところではない。私は過去のトラックレコードに基づいて投資戦略を支持することはない。というのも、そのような主張はどうしても過去は将来について何かを教えてくれると示唆することになってしまうからだ。実際に将来をどのように見るかという意見を形成するために使える情報はたくさんあるだろうが、過去に起こったという事実だけではその理由とはならない。過去のパフォーマンスはストーリーの裏付けとなったり、確率論的な枠組みを生み出す一助とはなるかもしれないが、それ自体が将来に対する主張とはならない。これは単に世界中のコンプライアンス部が唱えるマントラではなく、事実なのだ。堅固なビジネスモデルや競争優位を持ち、自分たちの資本構造やバランスシートをひたむきに管理し、フリーキャッシュフローを増やしていく革新的な企業は長年にわたり株主に寛大な配当を支払うことができ、株価も上昇していくだろうと考える理由はいくつもある。それらの理由はファンダメンタルズに基づいており、論理的で、経済的で、そして証拠に基づくものである。だが、「過去がそうだったから、将来もそうなる」ということとはまったく異なるものなのだ。

配当成長株のパフォーマンスの歴史を研究する理由は、個別の主張を説明するためではなく、むしろ反対意見に実証的に対応するためである。その反対意見とは次のようなものである。

「たしかに配当から引き出しているならば、より安定した戦略となるだろうし、配当成長株の分野にはより安全な企業がたくさんあるだろうが、それによる効果の代償として、大きなリターンをあきらめなければならないだろう」

この手法による効果の代償がトータルリターンの大幅な低下だとしたら、私がこれまでに行ってきた株式投資の方法に興味を抱いていた投資家でさえ、耳を傾けなくなっても不思議ではない。われわれが証拠を頼るのは、このすべてについて少なくとも過去が何を教えているかに目を向けるためであり、人々に将来をどう考えるかを伝えるためではない。むしろ、過去をどう考えるかを彼らに伝えたいのである。

さらに、配当成長株投資が持つ実際の「攻撃面」を理解するために、リスクとボラティリティという文脈から説明を試みるつもりだ。重要なのはビッグピクチャー（大局観）である。

株式の強気相場も九年目となれば、「市場を買う」以外の株式投資手法が必要なのかと考える投資家がいても不思議ではない。実際に、最近では市場全体を買う必要すらないと考えている投資家もいるかもしれない。過去のパフォーマンスが将来の結果の指標であるならば、すべてFANG[26]（最近、高騰しているフェイスブック、アマゾン、ネットフリックス、グーグル）からなるポートフォリオが最適なものとなるであろう。

金融危機後の株式市場の状況に対して起こり得る反応は二つあるが、私はそのどちらも問題であると考えている。

一つは、市場全体を買えば十分なので、個別の投資基準（配当成長株など）を追い求めることは不要であり、効果がないという主張である。さらに、二〇一三年（S&P五〇〇が三〇%上昇した）や二〇一七年（S&P五〇〇が二〇%上昇した）のような年では、インデックスのパフォーマンスを上回る特定の戦略はほとんど存在しない（**図表6－1**）。それゆえ、繊細な方法を追い求めても無駄であるというものだ。

この反応は一見正しい。私はS&P五〇〇の長期的なトラックレコードに異議を唱えるつもりはないし、二〇〇九年以降のパフォーマンスについても同じである。全体像に目を向ける投資家はそのデータに少しばかり驚くかもしれない。例えば、二〇〇九年以降のS&P五〇〇指数のトータルリターンはなんと一五%（年率）にもなる。だが、もう少し長

図表6－1　S&P500とS&Pグロースインデックスとバリューインデックスとの比較

い目で見ると、およそ二〇年間のリターンはたった年七％（もちろん、配当を含んでいる）にすぎないことが分かるであろう（**図表6－2**）。

配当に焦点を当てていないポートフォリオにおいてさえ配当がどれほど重要かを示しているのだが、二〇〇〇年以降のS＆P五〇〇の株価だけのリターンは年五％だったのだ。

これは、配当を略奪してインデックスのリターンだけを提供する、陰湿な生命保険や積立型の商品は忌避すべきである大きな理由の一つである。二〇年間でリターンの二九％をもあきらめることを想像してみればよい。

すべての投資家にとって指数だけのリターンで十分だという主張は、複利のメカニズムが理解され、引き出しのメカニズム（あとの章で議

図表6－2　マクロトレンズのデータ

過去の S&P500 の年間リターン
https://www.macrotrends.net/

2017	21.83%
2016	11.96%
2015	1.38%
2014	13.69%
2013	32.39%
2012	16.00%
2011	2.11%
2010	15.06%
2009	26.46%
2008	-37.00%
2007	5.49%
2006	15.79%
2005	4.91%
2004	10.88%
2003	28.68%
2002	-22.10%
2001	-11.89%
2000	-9.10%
	15.65% 2009-2017
	7.03% 2000-2017

論する）が理解され、指数のボラティリティという現実が理解されているかぎりは問題なかろう。私は本書において指数のリターンの欠点について議論したいのではない。配当成長株によって可能となる最適化について主張したいのだ。そして本章では、その最適化には低いパフォーマンスという犠牲が伴うという反対意見に応えたいと思う。事実はまったく逆なのだ。

金融危機後の株式市場に対してあり得る二つ目の反応はそれ以上に危険なものである。配当成長株戦略のように、確かな投資哲学に基づいて戦略を簡略化したり、最適化しようとするのではなく、極めて特殊な事件のみを取り上げて感覚的に分析をすることで、たしかにモメンタムだけは完璧な「ホットドット（最近、急成長しているドットコム企業）」を見つけて、モノが分かったようなつもりになってしまうのだ。「カルト株」が救いがたいほどに頑固な投資家を生み出すことはしばしばあるが、一九九〇年代後半のドットコム時代と同様に、二〇一三～二〇一八年のFANG時代には、投資の原則は完全に書き替えられたのだと信じる投資家もいた。

実際に、ハイテク分野のグロース銘柄を専門とするとあるファンドマネジャーは、この「ニューエコノミー」における「バリュー」投資の活用法について次のように述べていた。

「バリュー投資は、ハイテクが支配する今日の勝者総取り経済においては無駄な努力である。今日、われわれが住む世界は持てる者と持たざる者からなり、持たざる者のほうがはるかに多い。世界のデジタル化によって破壊されている産業がたくさんある。それゆえ、持たざる者であるバリュー株にシクリカルに賭けることは難しい[27]」

歴史的に見て、ある期間に最も高いパフォーマンスを上げた銘柄を買っても、その後の期間ではうまくいかないものだ。違う言い方をするなら、昨日の勝者だったという理由に基づいて今日それを買う「バックミラー」投資はやがて失敗に終わる。底値で買うことは容易ではないが、一方、バックミラーやモメンタムに基づく投資家が天井が形成される前に買える（モメンタムの強い銘柄が上昇を続けている場合）こともしばしばで、そうなるとストックピッカーとしての自分の新たな才能を信用してしまう。だが、やがてその「天賦の才」が何であったかが明らかとなるのだ。

私はグロース株に不満があるのでもなければ（利益が増大している企業を保有したくないと思う者がいるだろうか）、ＦＡＮＧと呼ばれるような特定の企業に不満があるのでもない。そうではなく、銘柄選択のリスクやマーケットタイミングのリスクにさらされる、ホットドットを追う自意識過剰な投資手法に不満があるのであって、だれもが同じことをし始めたときは、その投資手法の寿命は終わりに近づいているというコントラリアンの基本的な現実が存在するからだ。

パフォーマンスに対する考え方はいついかなるときでもその人の時間軸に依存する。私の投資観を支持する人たちが、特定の期間において配当成長株が市場の他の銘柄群にアンダーパフォームする可能性が高いことを否定する理由はない。一九九九年や二〇一三年などはハイグロース銘柄がほかのすべてを凌駕した最たる例であるが、そうではない時期もある。だが、あとで見ていくとおり、短期的な見方をやめ、長期的で、より妥当な見方をすれば、事実は極めて明確になる。

「長期的」という言葉はあらゆるアンダーパフォーマンスにとっては非常に便利な逃げ道ではなかろうか。ジョン・メイナード・ケインズが気づかせてくれたことは有名だが、長期的にはわれわれはみんな死んでいるのではないか。特定の文脈では長期的という言葉に逃げるのは都合の良い傾向かもしれないが、私の投資テーマの軸となるのは「初期投資額に対する利回り（ＹＯＩ）」という考え方であり、質の高い配当成長株を通して、再投資した配当を複利運用することで将来のインカムを創出することができる、ということは繰り返し記す価値があろう。定義に従えば、これこそが長期的パラダイムだ。私は長期的な蓄財期間（二〇年間、三〇年間、そして四〇年間）を信奉し、そして長期的な引き出し期間（二〇年間、三〇年間、そして四〇年間）を信奉しているので、配当成長株の長期的なトラックレコードを示したいと考えている。六〇歳になるまで貯金している人は三〇～三五年間にわたって４０１ｋ口座で貯蓄を行い、六〇歳から九〇歳や九五歳、またはそれ以降まで資金を引き出すことになる可能性が高い。

言い換えれば、現在五七歳の人が一二カ月、または二四カ月、さらには三六カ月にわたって投資を行う最も人気のセクターを探しているとしたら、そのような期間で配当成長株がほかの種類の銘柄をアウトパフォームするかどうか私には分からないと言わなければならない。だが、思い出してほしい。向こう一年、二年、または三年の間に最も高いパフォーマンスを上げる銘柄などだれにも分からないのだ。私は三年間の予想リターンは五七歳の投資家には関係がない（おそらくそうではあろうが）と言っているのではない。顧客にとって最良のことを行おうとしているすべての責任あるアドバイザーには関係がないと言いたいのだ。そのような短期的な見方は、地政学や金融政策、予期しない市場の混乱やスキャンダル、世界的な状況、心理状態やセンチメントといった現実に影響を受けやすいのだ。私が言わんとしているのは「ノイズ」である。なぜ「ノイズ」に基づいて予想しようとするのだろうか。私はただ「ノイズ」が間違いであるリスクを指摘しているのではない。ノイズが誤りとなる必然性を指摘しているのだ。予想し、予言し、取引し、追及し得るノイズならば、それはノイズではなかろう。

配当成長株投資の長期的現実に目を向けることは回避行動ではない。むしろ慎重かつ賢明な行為だ。言葉が足りないかもしれないが、配当成長株投資の精神について言えば、資本を預かる者としての経営陣の責任やビジネスモデルの成熟度、安定性、予見し得るさまざまな困難に太刀打ちする能力、そして株価の変動を相殺する正のリターンが根本的な信条であるわけで、長期的な見方はとりわけ重要である。これらすべては心理的にも計算上でも長期的分析に適している。

もうひとつ重要な説明として、配当が堅調なセクターと市場で最も人気のあるセクターとを比較してみよう。後者はつまり、たいていは配当を支払わない高値圏にあるハイテクセクターである。過去数十年にわたってテクノロジーが世界を変えるほどの進化を遂げたことを投資家は当然ながら承知している。実際に、過去二〇年において起こったテクノロジーの進化は、それまでの一万年に起こった進化を凌駕するものであった。事実、ナスダックとそれを構成するハイテク株は成長やイノベーションを見事にとらえることができる立場にあったので、株価だけで見ても、ナスダックはハイテクブームが起こった一九七一年以降、退屈なユーティリティーセクターを六四〇〇％もアウトパフォームしているのだ（**図表6－3**）。

だが、待ってほしい。配当を考慮したらどうなるのだろうか。ユーティリティー銘柄が退屈で、株価はほとんど上昇しないことをみんなが承知しているが、ユーティリティー銘

図表6－3

	CCMP	↓ 7227.289	+139.138		
⏱ At 14:47		O 7065 671	H7228.263	L 7057	
CCMP Index			97) Settings		
Range 02/25/1971		- 03/30/2018			
Security		Currency		Price Change	
1) CCMP Index		USD		6870.05%	
2) UTIL Index		USD		470.44%	

柄はあくまでユーティリティー銘柄である。テクノロジーは経済の活力であり、デジタル革命を起こし、市場でも最も大きな成長を遂げたセクターである。良いだろうか。では、私が生まれて以降、つまりテクノロジーが史上最も強力であった時代[28]のユーティリティー銘柄とハイテク株との比較を見てみよう（**図表6－4**）。

私の生涯を通じ、退屈なユーティリティーセクターのトータルリターンは、活発で、成長志向のナスダックのそれより八〇〇％も高いのだ。これは年に〇・二一％もリターンが大きいということである。そして、この優れたリターンに伴う株価のボラティリティが極めて小さいことは言うまでもない。

私はトータルリターンを求める投資ではユーティリティー銘柄がハイテク株よりも優れていると言っているのだろうか。もちろん、そうではない。私は不公平な戦い（高成長のハイテク株と低成長のユーティリティー銘柄）でさえ、十分な時

図表6－4

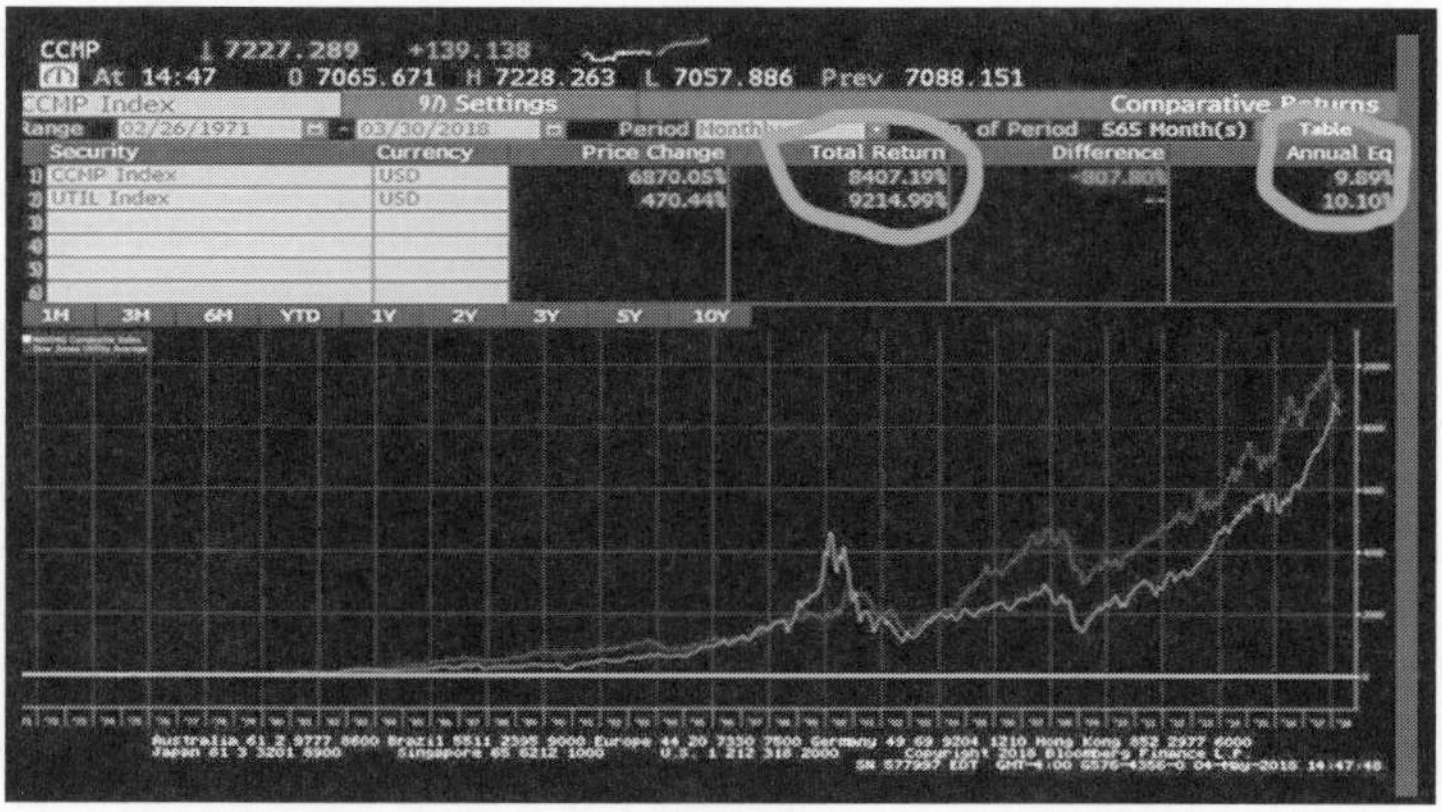

間を置けば、インカムによるプラスの寄与がトータルリターンにおいて計算上もあらがいがたい力となると説明しているのだ。ある期間にハイテク株がユーティリティー銘柄を大幅にアウトパフォームしたであろうことは間違いないだろう。だが、ここで行った比較は、ハイテク株が見事に花開いた時期を含む極めて長期間の分析である。

この結果の原因は、インカムの再投資以外の何物でもない。ユーティリティー銘柄は四〇年間で四七〇％しか上昇していないかもしれないが、安定的なプラスのキャッシュフローが加味されると、だれもが驚くような複利運用の結果となったのだ。

ネッド・デービス・リサーチが業界随一の調

査を行い、配当成長株の長期的なトラックレコードをさらに解明している。その調査結果は一貫して同じテーマを示している、つまりボラティリティを下げて、パフォーマンスを改善することだ。

図表6－5は配当政策に基づいて分類された株式のリターンとボラティリティを示している。**図表6－6**は二〇一八年初頭まで更新されたもので、悩ましくも減配を行った銘柄も取り上げている。

そもそもこの画期的な調査は驚きであった。市場のアナリストたちは有配株のボラティリティがより低いことは予想していたが、おまけにリターンも高いとは思ってもいなかったのだ。インカムの再投資が長期的な投資結果にもたらす影響を適切に評価していなかったことが驚きにつながったのである。

配当に重きを置いた銘柄のボラティリティが低くなる理由を改めて記させてほしい。株価の変動のいくばくかを相殺するプラスのインカムがあるとき、そして企業の損益計算書とバランスシートがより安定したものであるとき、リターンは本質的により安定したものになると考えている。これは数字にしても分かることだ。リターン源泉の五〇～七五％を占めるものがゼロ％以下にはなり得ない場合にボラティリティが低減するのは当然である。

図表6－5

有配株とグロース株は歴史的に無配株よりも年率リターンが高く、ボラティリティが低い

歴史的に配当は長期的な株式市場の主たるリターン源泉である。配当を増大させてきた安定したトラックレコードを持つ企業に集中することで、投資家はリスク調整済みで高いパフォーマンスを生み出す機会を得ることになる。

ボラティリティを測る指標がリターンの標準偏差である。過去の実績に基づくと、標準偏差が大きければ大きいほど、投資のリスクも高くなる。

歴史的に配当を増大させる企業の標準偏差はより低い。

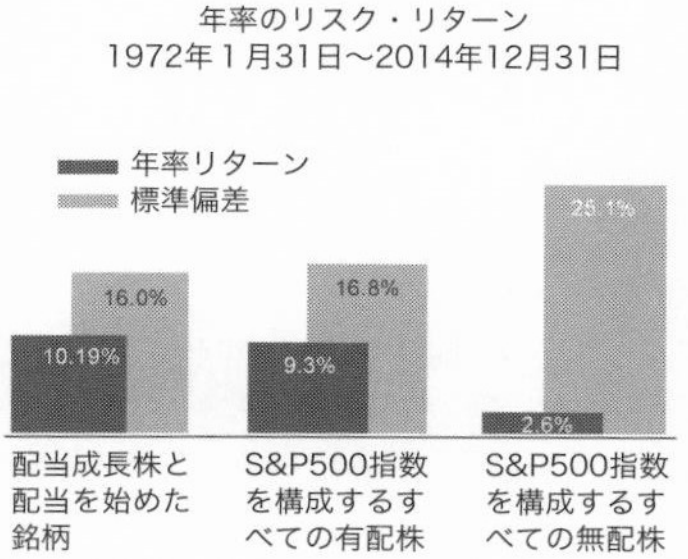

図表6－6

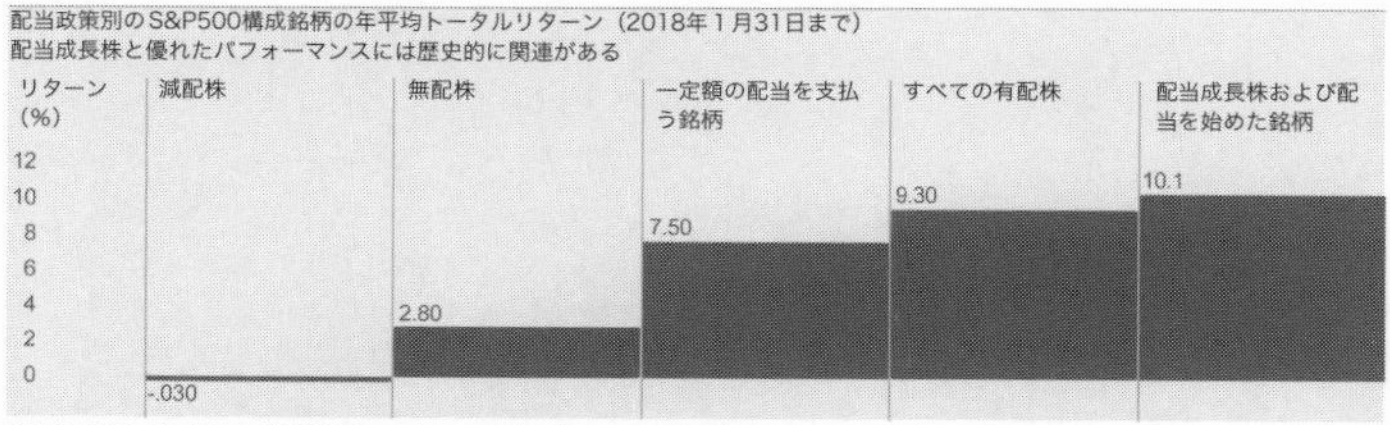

出所＝ネッド・デービス・リサーチ（2018年） Past performance does not guarantee future results. Indexes are unmanaged and one cannot invest directly in an index. All stocks were categorized by the following methodology for total return of each 12-month period since Jan. 31, 1972 period ended Jan. 31, 2018. Dividend Cutters and Eliminators represents stocks in the S&P 500 that have lowered or eliminated their dividend; Non-Dividend-Paying Stocks represents non-dividend-paying stocks of the S&P 500; Dividend Payers With No Change represents all dividend-paying stocks of the S&P 500 that have maintained their existing dividend rate; All Dividend-Paying Stocks represents all dividend-paying stocks in the S&P 500; and Dividend Growers and initiators represents all dividend-paying stocks of the S&P 500 that raised their existing dividend or initiated a new dividend. Performance does not represent any unit trust or strategy.

八％のリターンを手にしようとするとき、その半分は四％の配当から、そして残りの半分は株価の上昇から獲得するとするならば、リターンの五〇％が下方へのボラティリティにさらされることになる。

だが、配当利回りがゼロ（例えば、FANG）か、一・五～二％（例えば、S&P五〇〇）で八％のリターンを得ようとすれば、リター

図表６－７　配当政策別のS&P500指数構成銘柄のリターン
―100ドルの増大（1972/01～2017/12）

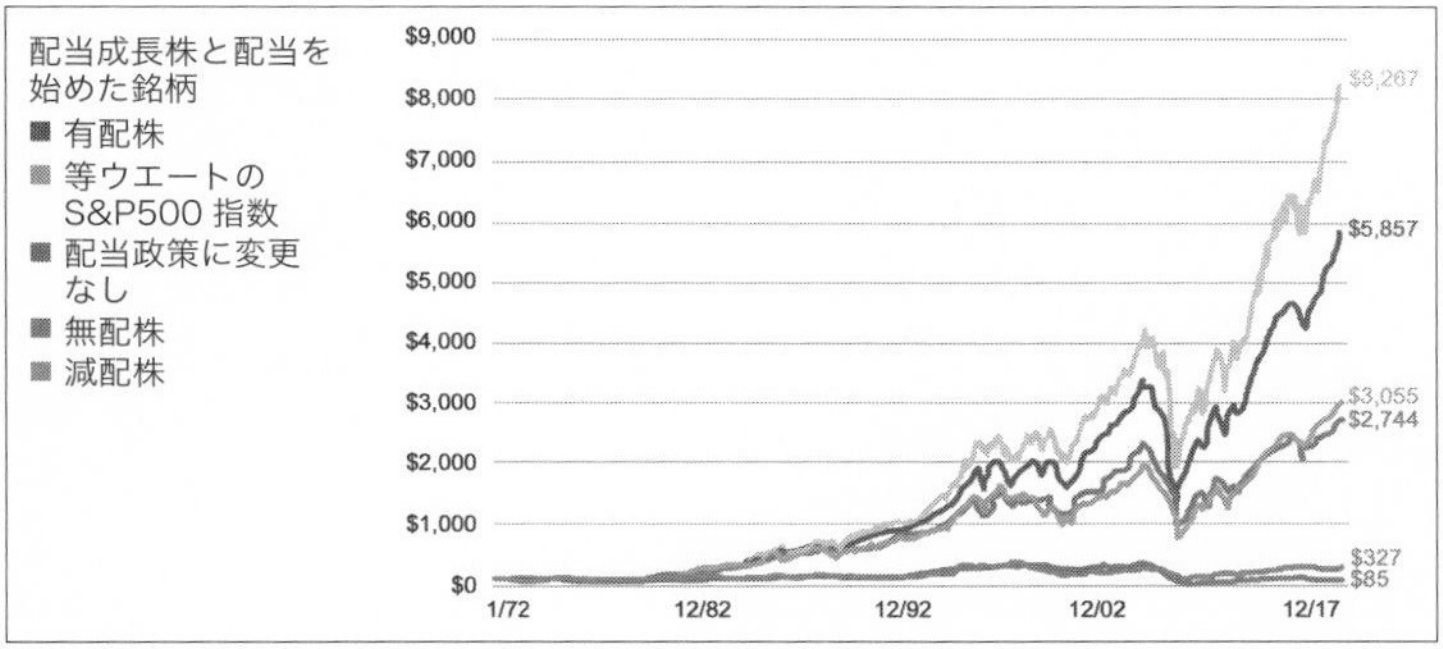

出所＝ネッド・デイビス・リサーチ（2018年１月）

ンの七五～一〇〇％が株価の変動にさらされることになる。期待どおりのリターン（より良い結果になることもある）が得られることもあるだろうが、そのためには株価の変動が大きくなることが避けられない（**図表６－７**）。

また、私は配当成長株と有配株とを区別したいと考えている。すべての配当成長株は有配株でもあるという点では、本書は有配株だけを扱うものである。だが、正直に言えば、「初期投資額に対する利回り（ＹＯＩ）」というコンセプト――再投資した配当を複利運用することがもつ最大限の力と配当の増大によって示される経営陣からのサイン――は単なる「有配」株にとっては有効な主張ではない。それは、配当が増大してこそ力を発揮するものなのだ。われわ

図表6－8

配当利回りの高い銘柄がS&P500指数をアウトパフォームする時間の割合は期間が長くなるにつれ高くなる

配当利回りの高い銘柄がS&P500指数をアウトパフォームする時間の割合（ローリング周期1930～2014年）

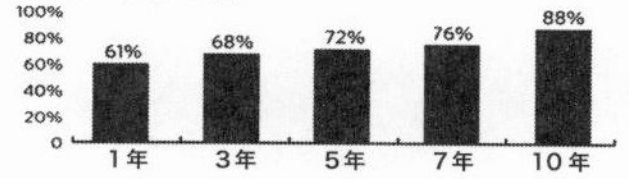

出所＝ケネス・フレンチ（ファーマ・フレンチ）、モーニングスター・ダイレクト、ミラー・ハワード・インベストメンツ&アナリシス

5. Data shown from January 31, 1972 to December 31, 2014. Dividend Growers and Initiators shown are those that increased their dividend anytime in the last 12 months in the period ended December 31, 2014. Once an increase occurs, it remains classified as a grower for 12 months or until another change in dividend policy occurs.

6. Source: Kenneth French (Fama/French), Morningstar Direct, Miller/Howard Research & Analysis. Miller/Howard defines "High-Yield Dividend Stocks" as comprising deciles 7 to 9 from the data set created by Eugene Fama and Kenneth French, called "Portfolios Formed on Dividend Yield," in which all NYSE, AMEX, and NASDAQ stocks with Market Equity for June of year t, and at least 7 monthly returns, were separated into deciles based on dividend yield (decile 10 being the highest yielding). The file was created by CMPT_DP_RETS using the CRSP database. D/P (in percent) was computed with breakpoints at the end of each June. Period discussed is from January 1, 1930 to December 31, 2014. Miller/Howard utilizes the value-weighted returns for this study. Common stocks do not ensure dividend payments. Dividends are paid only when declared by an issuer's board of directors and the amount of any dividend may vary over time. Dividend yield is one component of performance and should not be the only consideration for investment. Past performance is no guarantee of future results. There is no guarantee that a company will continue to pay a dividend. The data presented does not take into account any fees or expenses associated with an actual investment. If these costs had been taken into consideration, results would have been lower. Investment return and principal value of an investment will fluctuate; therefore, you may have a gain or loss when you sell your investment. Actual performance may be higher or lower than the performance data shown. It is not possible to directly invest in an index.

れが求めているのは配当の増大であり、われわれが貯蓄者と引き出しを行う者たちのために生み出したいと考えている兵站の効果をもたらすのは安定した配当の増大なのである。

パフォーマンスという観点では、長期的な結果がこの分野でも最も強力である。

このような配当に焦点を当てた戦略がS&P五〇〇にアンダーパフォームする期間は、評価対象とする期間に完全に依存する。**図表6－8**は、期間を長くとればとるほど、有配株がS&P五〇〇をアウトパフォームする可能性が高くなることを示している（一年では六一%、一〇年では八八%）。

本章の主張は、検証というよりも反証によるものだ。私は配当成長株は向こう数年間のうちにアウトパフォームすると主張しているのではない。だが、歴史を示

図表6－9　S&P500とS&P500配当貴族のトータルリターン（1990年1月を100とする）

すことで配当成長株はアンダーパフォームするという考えに反論しているのだ（**図表6－9**参照）。将来のことは分からないし、それゆえわれわれはでき得るかぎり安全かつ安定した状態を好む。市場がどうなるかが分からないとすれば、実績も能力も欠いた金融業者が何をしでかすかも分からないのだ。

　配当成長株のユニバースでは二つの魅力的な効果が得られる。

一．株主と手を携え、安定的に利益を増大させるために損益計算書を管理する経営陣

二．貯蓄者には増幅した複利の効果を与え、

引き出しを行う者には負の複利を回避させる数学的構造

これらの効果は常に変わらないものであるが、実際に、ほかのさまざまな運用手法よりも優れたトータルリターンプロポジション（より低いボラティリティ）であることが証明されている。

本書を読んだあとですら、読者が配当成長株を支持する議論に確信が持てなかったとしても、私は不満に思わない。過去に対する誤った理解に基づいた意見を持たないようにすればよいだけなのだ。

ミスターユーティリティはミスターナスダックを打ち負かしたことを称賛されたいと考えている。そして、ミスターインカムはミスターユーティリティを勝利に導いたことを称賛されたいと考えているのだ。

第7章　インフレの恐怖――配当成長株に内在する攻撃力と防衛力

「少し前一〇ドルでできた散髪は現在一五ドルである。君に髪がふさふさあって散髪に行っていたころは五ドルだった。これがインフレだ」――サム・ユーイング

「歴史の大部分はインフレの歴史であり、インフレとは往々にして政府が自らの利益のために企んだものであると言っても過言ではないと思う」――F・A・ハイエク

投資家の足を引っ張る陰湿な敵が存在する。実際に、われわれがめったに議題として取り上げないという事実こそが、それが極めて陰湿である理由の大半を占めている。投資家は目に見えるリスクや劇的かつ頻繁に顕在化するリスクにばかり焦点を当てる傾向にある。だが、この敵はそのような形で姿を現すことも、十分な注意を引くこともしない。私が指摘しているのは、インフレの力によって引き起こされる購買力の減少である。

日光浴をする者たちは雲がかかっているときに油断してしまい、むしろ紫外線の危険性が高まるのと同様に、インフレは目に見えず、ゆっくりと進行するが、その被害は長期に

わたり、また月次報告書に記載されるわけでもないので、投資家にとっては手ごわい敵となる。

政治家が「われわれはあなたがたの収入の三〇％を受け取る必要がある」と言う場合、彼らは所得税を請求しているのであり、人々は一年以内にそのすべてを支払わなければならない。有権者はそれを嫌い、納税額を最小化しようと努める。税率を上げすぎれば、有権者たちは政治家を落選させようとする。

だが、インフレはそういうわけにはいかない。この事例で言えば、政治家は容易に国民のお金の三〇％を奪うことができ、少なくとも一度に二～三％ずつ、二〇年間にわたって行えば、有権者は何の反応も示さない。国民はそれを考えようとしないし、投資家はそれを無視する。だが、インフレは目の前の税金と同様に略奪的で、有害なのではないのだろうか。

それは人々の富と生活の質を損なうものなのだ。

投資家はインフレを無視することで、自らを危機に追い込むことになる。私がそれをどれほど真剣に受け止めているかを理解するためには、第1章で説明した私の啓示を振り返る必要がある。あらゆる投資は将来、より多くのお金を手にするために行うものである。

それが将来世代（孫たち）のためであろうが、第三の受益者（教会）のためであろうが、または自分自身の引退後の備えであろうが、長期にわたるもの（定期的な資金の分配）であろうが、一時に必要になる資金（娘の結婚費用）であろうが、生み出されるお金を目的に投資対象に資金が投じられるのだ。

だが、将来手元に戻ってくるお金が、投資した時点での購買力に見合わないものだとしたら、それは何かが間違っていたのだ。

二つのシナリオを考えてみよう。

一．投資家は五年後にボートを買うために二万ドルを貯金した。現在、ボートの価格は二万ドルである。五年後、ポートフォリオは一〇％減少してしまったが、ボートの価格はいまだ二万ドルである。この投資家は一〇％資金が足らないことになる。

二．投資家は五年後にボートを買うために二万ドルを貯金した。現在、ボートの価格は二万ドルである。五年後、ポートフォリオは五％増加し、二万一〇〇〇ドル（価値は減少していない）となったが、インフレによってボートの価格は二万三〇〇〇ドルとなった。この投資家は一〇％資金が足らないことになる。

これら二つのシナリオのうち、どちらの投資家が幸せであろうか。もちろん、どちらも幸せではない。目的は五年後にボートを買うことであったのだ。一人は投資パフォーマンスが優れなかったがゆえに資金が不足し、もう一人は穏やかなインフレという現実ゆえに資金が不足しているのだ。彼らが不足している金額は同じであるが、その原因は異なる。二つの名目上の金額を比較しても意味はない。実際に、どちらのシナリオにおいてもボートを買うという現実的な目的は達成されないのである。

すべての者たちにとって驚くほど明白であろうことを指摘するために、無限とも言える説明がなされている。だが、「お金」の実質的な定義は購買力である。

われわれがバーンセン・グループにおける基本原則の一つとして述べていることだが[29]、「通貨はお金ではない。それは交換媒体として用いられる一つの商品なのだ。投資の目的は一定額のドルを生み出すことでも保全することでもない。欲しい物を自分たちの資金で買えるようにすることである。それゆえ、インフレをリスクとしてとらえないことは財政的過誤なのだ」。

将来のいずれかの時点で資金を利用する者にとって、実質リターンは名目リターンよりも重要なのだ。実質リターンとは単純に名目リターンからインフレの影響を取り除いたものである。実際に、名目リターンが七％で、インフレが二％（実質リターンは五％）であることのほうが、名目リターンが八％で、インフレが四％（実質リターンは四％）であることよりもはるかに優位なのだ。

もちろん、投資を比較検討する場合、インフレ期待を変えることはできない。われわれが投資戦略を変更したからといって三％のインフレが二％のインフレになることはない。言い換えれば、インフレはわが道を行くのだ。われわれはインフレ率をコントロールすることはできない。われわれが唯一できることはインフレから身を守るために投資手法をコントロールすることである。

では、インフレの原因は何であろうか。そして、ついでに言えば、インフレとは何であろうか。経済学者たちは何十年もの間、これら二つの疑問に対して一致した答えを見いだしていないが、私がこれまでに見いだした最も説得力ある回答を記していきたいと思う。

ミルトン・フリードマンがインフレとは「多すぎる通貨が少なすぎる財に向かう」ことだと言ったのは有名である。この発言のエレガントさは、主語と目的語の双方に見られる。一つに「多すぎる通貨」とは経済に流通しているマネーサプライが過剰だということだ。

そしてもう一つの「少なすぎる財」とは経済における財やサービスの生産水準のことである。財やサービスの生産が増大している経済ではそれらの交換を可能にするために、より多くの通貨が流通する必要がある。マネーサプライと経済生産の水準が均衡を失うと、インフレまたはデフレ（不均衡の方向性に依存する）に陥ることになる。

単にマネーサプライが過剰であることとインフレは同じであろうか。実際に、マネーサプライに通貨の流通速度が掛け合わされることで経済における物価水準が決定される。マネーサプライは経済に流通することで物価水準を引き上げる（インフレ）のだ。経済活動が停滞すると通貨の流通速度が低下するので、マネーサプライそれ自体がインフレを亢進させることにはならない。

アービング・フィッシャーの貨幣数量説は次のとおりである。

ＭＶ＝ＰＴ

Ｍはマネーサプライ

Ｖは経済における通貨の流通速度

Ｐは物価水準

Ｔは取引量

本書では意図的にこのような味気ない経済学を避けてきたが、インフレがなぜそれほどまで人々を混乱させることが多いのかを説明するために、この簡単な通貨と物価の理論を紹介した。二〇〇九年以降、多くの人々がハイパーインフレが発生すると間違った予想をしたことに愕然としていたが、彼らは前述の等式のVが非常に遅いためPが低下し続けるということを理解していなかったのだ。

もう一つインフレに対する理解を難しくしているのが、計測が難しいということである。経済システムにあるすべての財とサービスの価格水準を集計した物価水準（P）をわれわれは容易に知ることができない。そして過去二〇～二五年の間、おもにハイテク分野で大きなデフレ圧力（前向きなデフレである）が働いていた。数十年前には〇・一五ドルだったアイスクリームのコーンが今では三ドルするという話をよく耳にするが、一九八五年にはＶＣＲの価格が六〇〇ドルであったが、今日ブルーレイやＤＶＤプレーヤーが三〇ドルで買えることはついぞ忘れてしまう。さらに、「付加価値」という要素がインフレの計測を極めて難しくしている。第一世代の携帯電話とｉＰｈｏｎｅＸを比較することが同条件での比較だと思うだろうか。言い換えれば、われわれが比較対象とする製品は、技術的なイノベーションや進歩によってまったく異なる製品となっていることが多いのである。

エコノミストとして、私は学術的なマクロ経済学の文脈でのインフレという問題を、ファイナンシャルプランニングというよりも実践的な状況からとらえている。ある家が今日スーパーに行ってパンと牛乳とフルーツを買い、Xドルを支出するとするならば、今日から将来のある時点でXドルがどれだけ増えるかという具合に実践的な意味でインフレを理解すべきである。それゆえ、インフレに対する防衛策を検討している投資家は、自分たちの支出目標が実際にどのようなものになるかを検討するのが賢明であろう。すべてのインフレが等しく発生するわけではないのだ。

これは、支出対象に応じてインフレ率が大きく異なる（**図表7-1**）ので、社会全体におけるインフレを測定することは極めて難しいということである。将来、住宅の購入や大学教育、そしてヘルスケア[30]に資金を費消する必要がある個人は、すでに子供の大学の学費は払い終え、住宅ローンの支払いも終わっており、勤務先が健康保険の全額を支払ってくれる者とはまったく異なるインフレ対策が必要になるのだ。

つまり、インフレは複雑で、しばしば誤解され、そして無視されることが多い。インフレを無視しない者でも、誤解し、しばしば見誤るので、誤った解決策を講じるという大きな誤

図表7－1

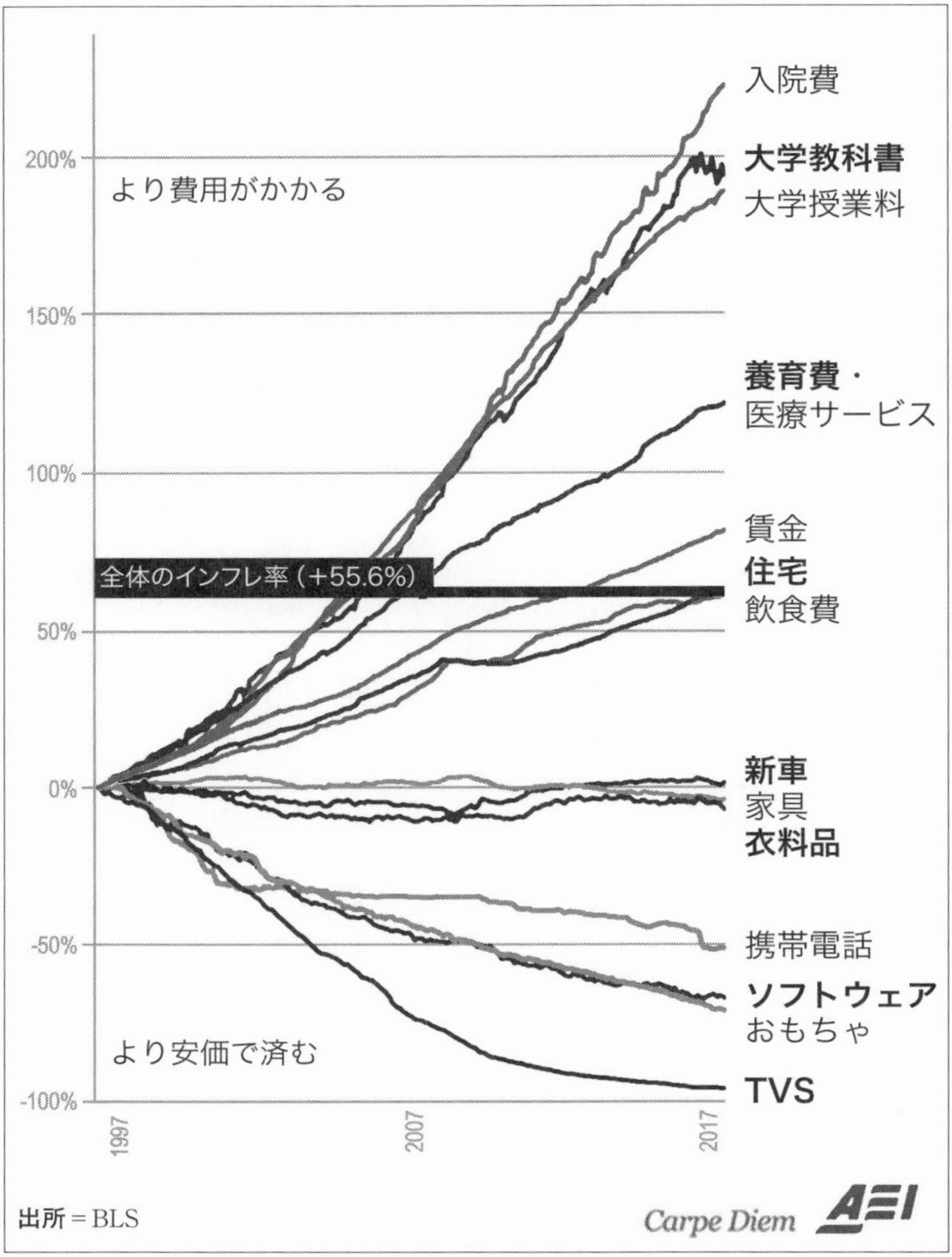

入院費
大学教科書
大学授業料
養育費・
医療サービス
賃金
住宅
飲食費
新車
家具
衣料品
携帯電話
ソフトウェア
おもちゃ
TVS
より費用がかかる
より安価で済む
全体のインフレ率（+55.6%）
200%
150%
100%
50%
0%
-50%
-100%
1997
2007
2017
出所＝BLS
Carpe Diem

りを犯しがちである。そのようなインフレ防衛策として最も有名なのがゴールド（金）を理想のヘッジ手段と考えることだ。ちょっとした歴史観が必要であろう。

一九七〇年代はアメリカが非常に劇的なインフレに陥った最後の時期である（その影響は一九八〇年代初頭にも及んだ）。ニクソン政権によるドル安政策に一〇年に及ぶ経済成長の停滞と重くのしかかる税金や規制とが相まって、アメリカ人は二桁に及ぶひどいインフレに悩まされることになる。新たなプロジェクトへの投資機運も、プロジェクトが完成するときまでにはインフレの影響でその潜在的利益が圧迫されてしまうことが分かっていたので、極めて低いものであった。コストも高騰していた。また、インフレ率が高いせいで金利も高くまた上昇してもおり、経済成長や生産性もまったくふるわなかった。アメリカ人たちが一九七〇年代のインフレへの防衛策を求めたので、インフレの陰湿な影響に対する特効薬としてのゴールド保有があちこちで推奨されるようになった。そして、よくあることだが、ゴールドはインフレ特効薬として流行したが、まったく役に立たなかったと言える。

一九八〇～二〇〇一年までに、インフレ調整後のゴールドの価値は八〇％以上も下落したのだ。同時期のＣＰＩ（消費者物価指数）は二倍[31]になっている（**図表7－2**）。たしか

図表７－２　金価格とアメリカの消費者物価インフレ

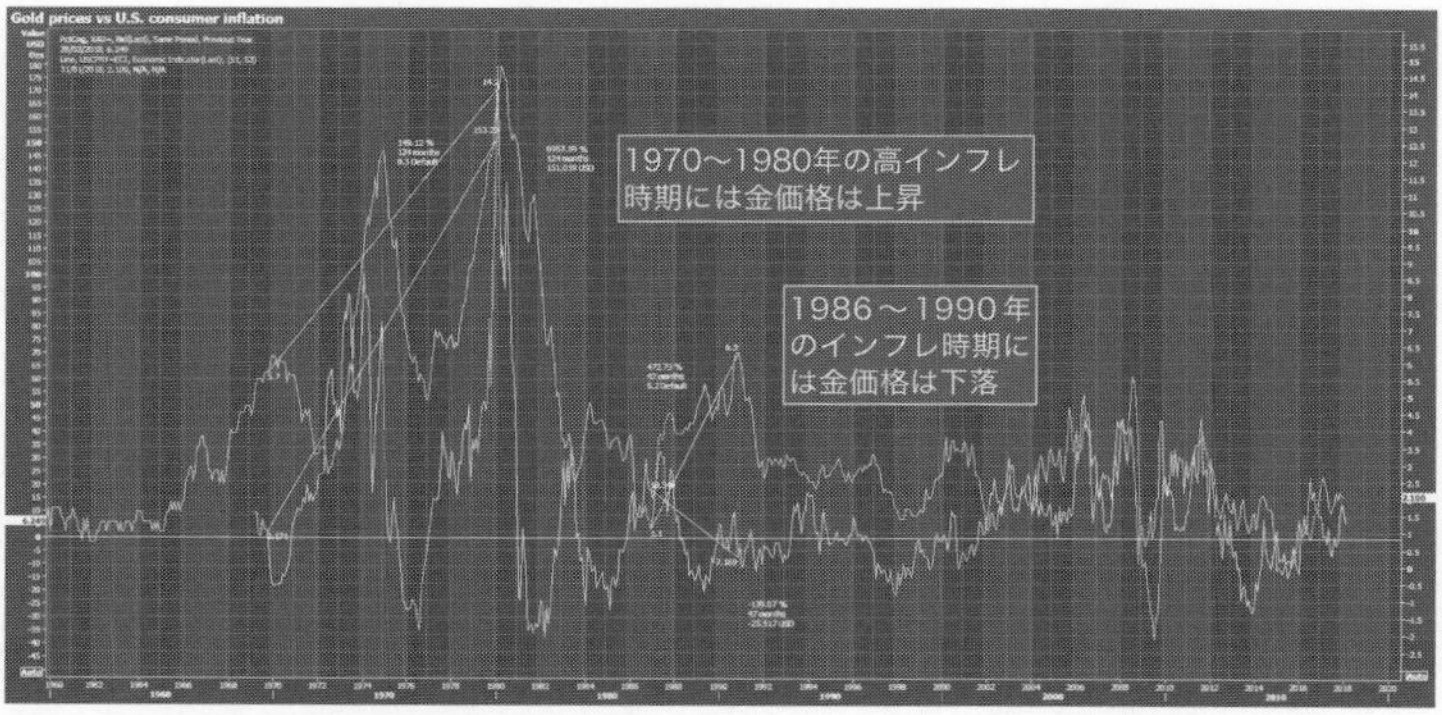
Gold prices vs U.S. consumer inflation
1970～1980年の高インフレ時期には金価格は上昇
1986～1990年のインフレ時期には金価格は下落

出所＝ロイター（2018年3月１日）

にゴールドは二〇〇一～二〇一一年にかけて大幅に上昇したが、一九八〇年から現在までに、インフレ調整後では三二％以上、年に一％以上下落しているのだ。

三八年という期間は長期的投資家が、人気かつ一般的なインフレヘッジ策にインフレが与える影響を評価するには十分であろう。

ゴールドにはさまざまな特徴があり、そこに魅力を感じる投資家がいることも十分に考えられる。たとえゴールドがほどほどのインフレに対する効果的な防衛策ではなかったとしても、「クライシスヘッジ」の効果をもたらすことは十分にあり得る（それが当てはまらないクライシスも幾つかある）。ゴールドは「代替通貨」を求める投資家には有効かもしれないが、それでも何らかの通貨によって購入する必要がある、つまり通貨建てで売買が行われるのだ。ゴールドは将来下落すると私が考えていると解釈しているならば、それは誤りとなろう。私はそのような予測は行わない（私はそのような予測をする者をかなり警戒している）。ゴールドは将来上がるかもしれないし、下落するかもしれないわけだが、私が言っているのは、もっと明らかなこと、容易に検証できることである。つまり、歴史的に見て、ゴールドはほどほどのインフレに対する優れたヘッジとはなってこなかった、ということである。

社会学の一種かもしれないが、ゴールド保有にまつわるストーリーを生み出す一助となるような高度な市場性がある。人々は危機への備えができていると感じることを好むのだが、彼らは自分たちが準備ができているという印象を与えるものを好むのだ。危険な兆候や大惨事にまつわる不安を売り込む、恐怖を利用したニュースレターや商売では自分たちの結論を支持するヒストリカルデータや経験則を提示する必要はない。実際、彼らの結論ははっきりと透けて見える。つまり、「いずれにせよ、私から何か（ゴールド）を買え」ということだ。営業トークが綿密な経済分析に基づくものだとは思えないし、ましてや客観的なものだとも思えない。そして、実際にインフレの影響を相殺するためにどのように

図表7－3　インフレが3％の場合と5％の場合の100ドルの購買力

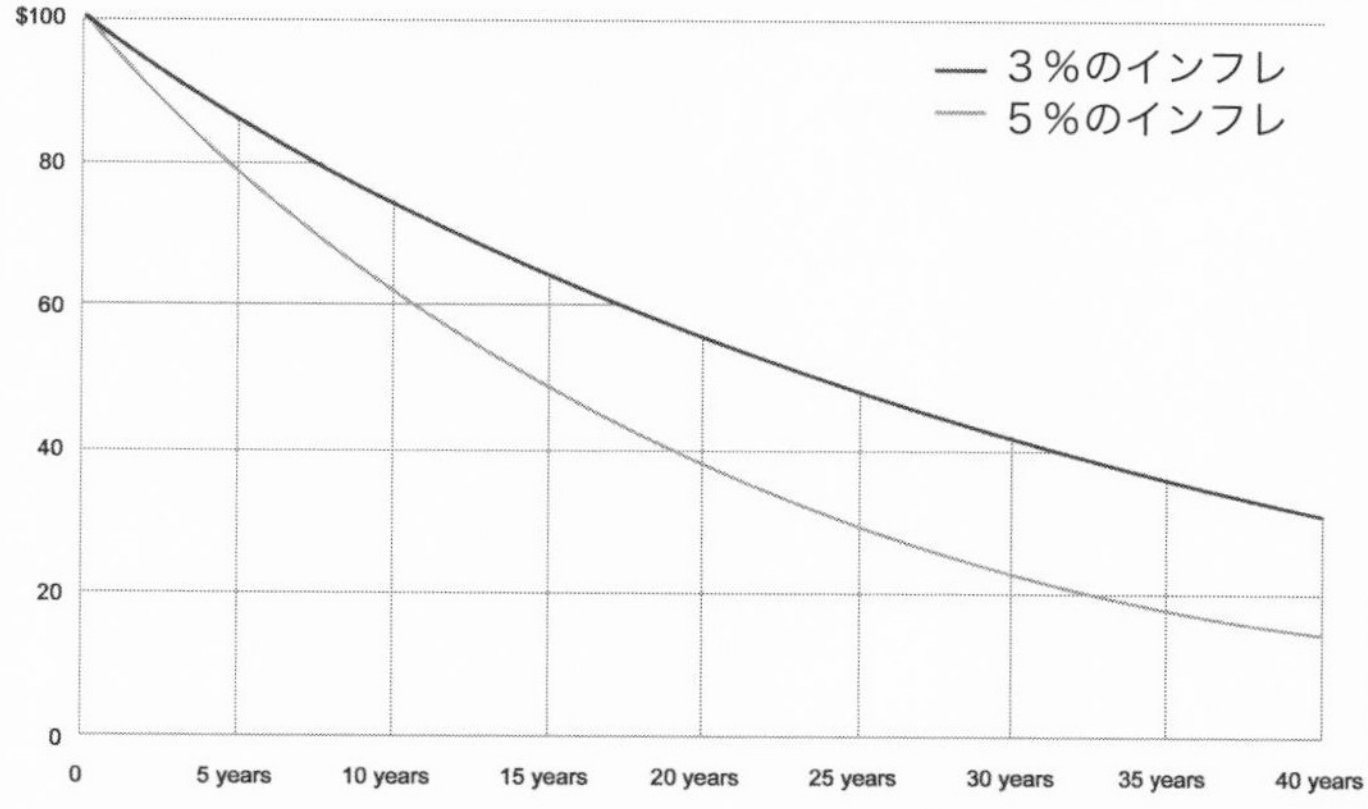

出所＝PIMCO

ゴールドを資金化するのかという道筋が議論されることはないのだ。

では、配当成長株とインフレについて議論しようではないか。なぜなら私はインフレの脅威を真剣に考えており、人々が通貨の流通速度を正しく理解し、インフレがさまざまな財やサービスに異なる影響を与えることを認識することが重要だと考えているが、過去四〇年間にわたりゴールドはインフレに対する有効なヘッジとはならなかったことを知っているからだ。私は、長期間にわたるほどほどのインフレが顧客の購買力に与える損害こそが重要だと考えているのだ[32]（**図表7－3**参照）。

三％のインフレはたった二〇年のうちに購買力の半分近くを食いつぶしてしまう。今後、インフレは二％ほどになるかもしれないし、インフレの期間は二〇年もないかもしれないが、それでも何らかの形でインフレの影響を抑えることは重要である。本章の最初に議論したとおり、インフレは人目を引くわけでも、目に見えるわけでもなく、劇的でもないので、その影響は一般に無視されがちである。配当成長株はそのじわじわと迫る危険に対する防衛策として長年にわたる実績があるのだ。

配当成長株について第一に主張したいのは、まさにその構造によって投資家はインフレに遅れずについていくことができる、ということである。ここで述べている「インフレ」とは実際に「物価が上昇すること」である。だが、投資家が投資元本を引き出さずにインカムが物価の上昇に歩調を合わせるわけではない。安定的なインカムがインカムを増やせるのはどのような場合であろうか。もちろん、それは投資家への分配を増やす株式に投資をしている場合である。

インフレを社会における物価水準の上昇とするならば、チーズバーガー、炭酸飲料、電気代やおむつ代、歯磨き粉、ショッピングモールの店舗賃料、そして携帯電話料金の上昇もまた「インフレ」である。そして、それらの価格が上昇しているとしたら、それは企業がインフレの影響を消費者に転嫁しているのだ。株主からすると価格の上昇に合わせて収益が増大し、同じく配当の増大が可能となるわけだ。もちろん、常にこれほど簡単なわけではないが、企業は価格決定力を維持し、利益率を効率的に管理しなければならない。だが、まさにインフレの定義に従えば、企業はその影響を転嫁し、株主は自分たちへの分配が懸案の物価とともに増大するのを目にすることになる。

もう一つのとらえ方は、企業レベルで収益が増大していないのであれば、インフレではなさそうだということだ（だが、その逆はかならずしも真ではない。つまり、イノベーションや競争やその他の要因でインフレでなくても収益が増大することはある）。インフレの影響が利益率をむしばんでいる可能性があるので、そのような収益の増大は即座に利益につながるわけではないが、ここでもまた価格決定力と効率的な経営がこのダイナミズムに対する強力な武器となるのだ。

価格上昇と企業の利益との間にラグ効果があるという事実は私の主張を否定するものではなく、むしろ強化するものだ。株価のボラティリティや為替レートや利益率といった複雑さに対応するには有能なファンドマネジャーや実務者が必要となる。静的な債券ポートフォリオではこの影響を巧みに利用するチャンスがない。収益や利益、そして利益からの分配（配当）はすべてインフレとともに増大するのだ。実際に内部収益率を適用することでインフレの影響を中和することができるのである。

ここでもまた、メカニズムが重要で、配当成長株の増大するインカムこそが投資家にとって実践的な意味を持つのだ。そして、経営状態の良い企業がインフレが自分たちの事業に与える影響を相殺するように、経済的な論理によって資産価格が安定し、増大することが可能となる。

これら可動部品のメカニズムは**図表7－4**に示されている。配当成長株はインフレの影響を相殺し、そしてそれ以上の効果をもたらす。不変のインカムはインフレを考慮しなければ変わらないが、インフレを勘案すると大幅に減価することになる。

歴史的に見て、インフレが上昇すると金利も上昇する。**図表7－5**に示した金利上昇期の配当成長株の相対的パフォーマンスを検討してみればよい。

この防衛力が配当成長株投資の紛れもない効果である。インフレの影響を恐れる投資家にとってはそれに立ち向かう実績ある武器であり、経済学的にもメカニズムの面からも有効である。われわれは金融危機以降、長く続く低金利時代に生きている。この低金利が今後も続くのかどうか、穏やかに上昇するのか、大きく跳ねるのかどうかは本書の主題では

図表7－4　4％の引き出し率

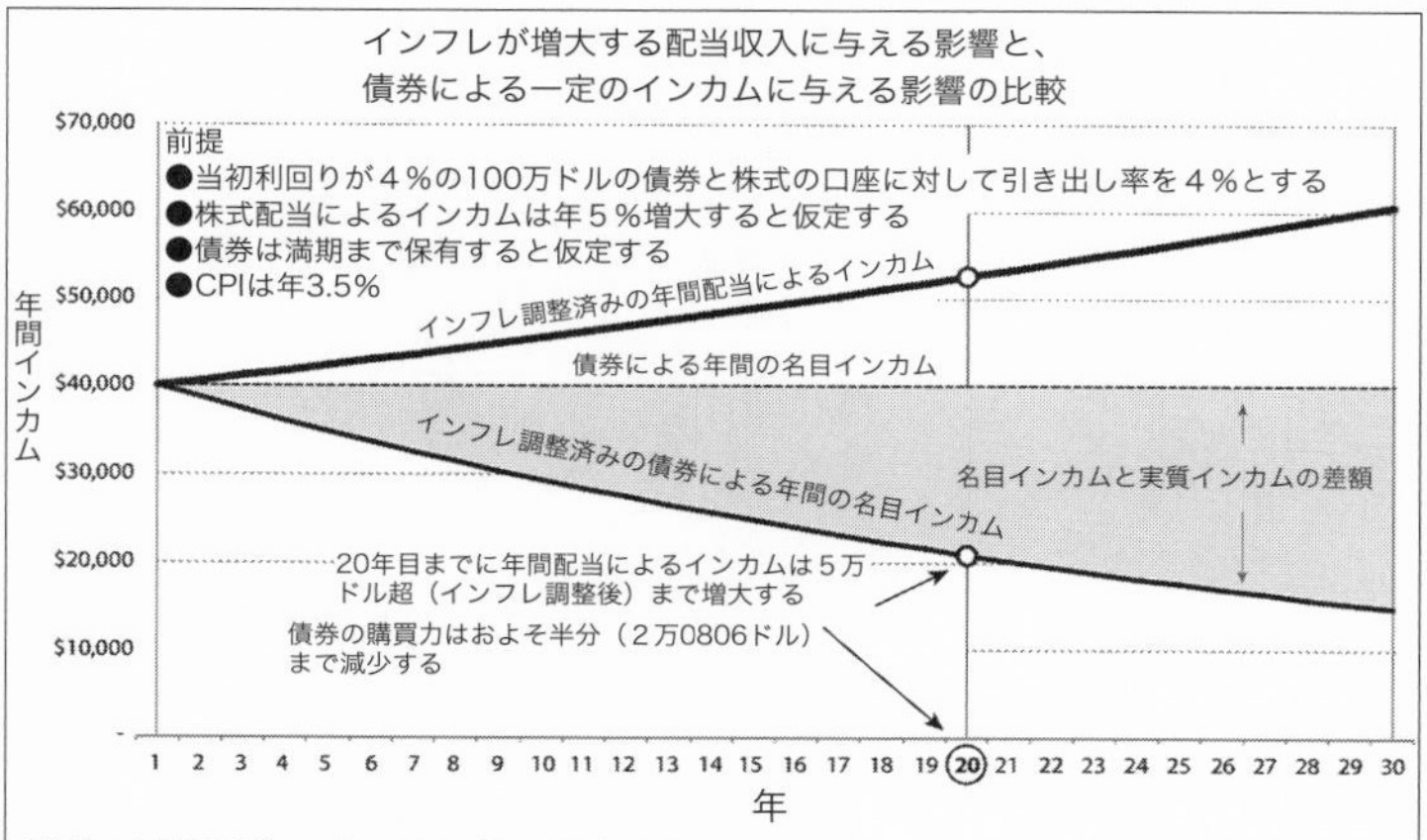
インフレが増大する配当収入に与える影響と、
債券による一定のインカムに与える影響の比較
前提
●当初利回りが４％の100万ドルの債券と株式の口座に対して引き出し率を４％とする
●株式配当によるインカムは年５％増大すると仮定する
●債券は満期まで保有すると仮定する
●CPIは年3.5％
インフレ調整済みの年間配当によるインカム
債券による年間の名目インカム
インフレ調整済みの債券による年間の名目インカム
名目インカムと実質インカムの差額
20年目までに年間配当によるインカムは５万ドル超（インフレ調整後）まで増大する
債券の購買力はおよそ半分（２万0806ドル）まで減少する
年間インカム
$70,000
$60,000
$50,000
$40,000
$30,000
$20,000
$10,000
年

出所＝MHIリサーチ・アンド・アナリシス
CPI（消費者物価指数）は米労働統計局によるもので、都市部の消費者がサンプルとなる財やサービスのバスケットに対して支払った価格の変化に応じて毎月算出されている。

図表7－5　FRBが金利を引き上げたあとの配当の実績

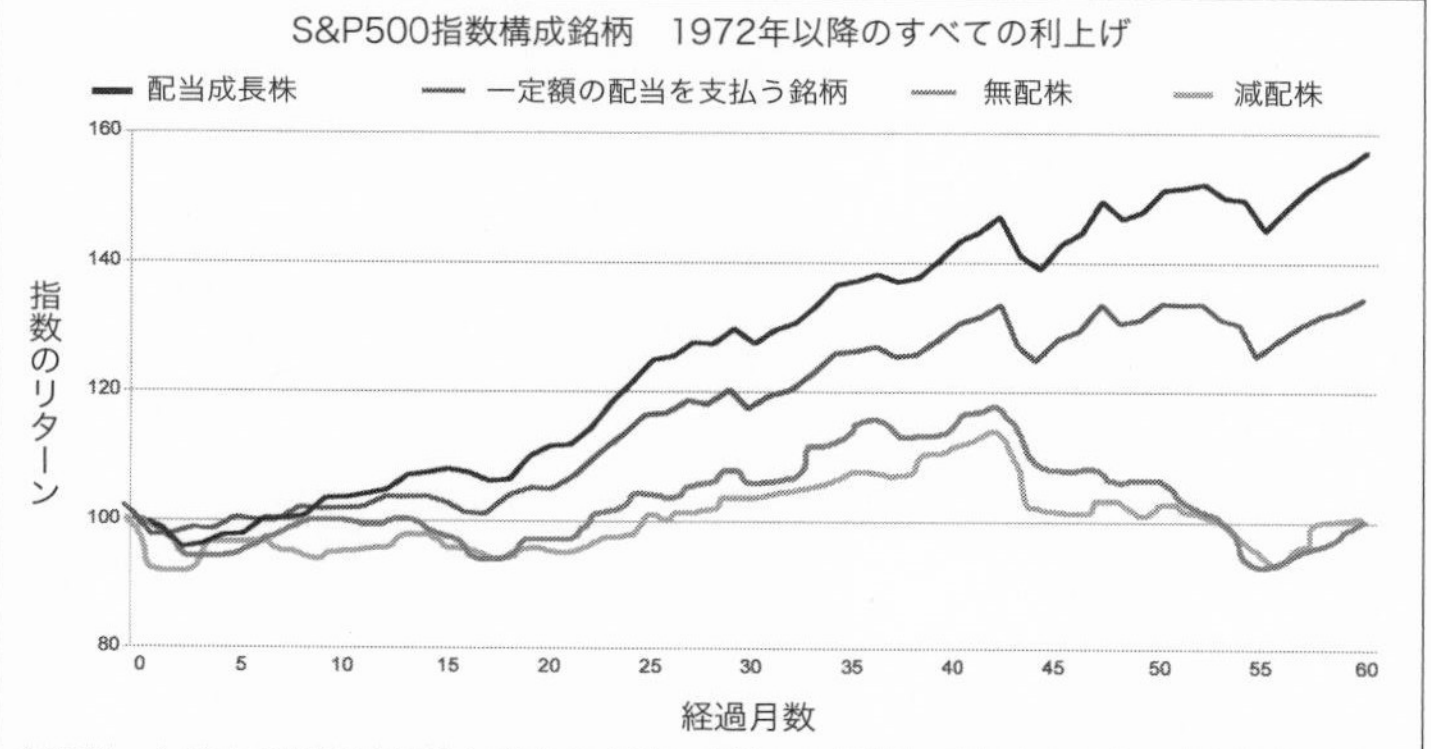
S&P500指数構成銘柄　1972年以降のすべての利上げ
配当成長株
一定額の配当を支払う銘柄
無配株
減配株
指数のリターン
経過月数

有配株、とりわけ配当成長株と配当の支払いを始めた銘柄はFRBによる利上げ後にアウトパフォームしている
出所＝ネット・デービス・リサーチ　2015年

ない。だが、金利の上昇が投資ポートフォリオにとって何らかのリスクであるかぎり、配当成長株は金利上昇に対する実績ある対抗手段となるのである。

インフレの原因やインフレの現実、そしてインフレに対する誤った対抗手段に関するすべての誤解を見ていくことで、私は自分がこれまでに目にしてきたうちで最良のインフレファイターを提案したいと考えてきた。つまり、経営状態の良い企業からもたらされる、それ自体がインフレ率よりも高い成長率を示す配当である。

第8章 では、自社株買いはどうか

「バランスシート上の取引である自社株買いと損益計算書を比較することはない……自社株買いは悪いアイデアであるとか、かつてよりもやり方がひどいと考えることはできるが、それもおかしなことではない」――クリフォード・アスネス

結果には多くの人々が賛成するが、彼らはまったく異なる理由からそうしているのだという主張に直面することは、最も難しい状況の一つである。私は、投資手法に関しても、人生の思想面においても、結果よりも根拠を分かち合ってほしいとよく述べてきた。もちろん、正しい理由で正しい場所に至ることが好ましい。だが、同じ信条や仮定からまったく異なる結果になることもある。理想的なことではないが、共通の土台があれば、建設的な会話が可能になると思う。データに関する他人の解釈を再編成することは、どのデータが重要か、なぜ重要か、その目的は何かという問題を根本から再構成することよりも容易である。

要するに、理路整然とした投資哲学を構築するにあたっての理想的なシナリオは次のとおりだと考えている。

①正しい論拠と正しい結果、そして次善のシナリオは、②正しい論拠と誤った結果、その次は大きな危険性があるのだが、③誤った論拠と正しい結果、そして言うまでもなく最悪なのが、④誤った論拠と誤った結果、である。

③はやがて④に至ることは指摘しておくべきであろう。資本市場に対する不正確な理解や当てにならない約束に満ちた枠組みでは安定的に適切な結果を生み出すことはできない。われわれは自分たちが用いている知的要素の基礎をなすものが最終的な結果とおおいに関係することを理解しており、倫理や公共心、道徳や神学などの多くの規律については、そのイロハとも第一原理とも言える分かりきったことを教えている。

投資の世界も同じである。もしチャート上のおまじないが株価の方向性を教えてくれると信じていれば、結果をたまたま正確に予測できたかのような例を目にすることになるだろう。しかしそれは、その論拠を正当化するようなものではない。実際に、結果が正しいと、前提が誤ったままであるにもかかわらず将来の予測に対する自信を与えることになるので、その個人の投資観に付随するリスクは高まることになりかねない。投資において重要な基本原理を一貫して固守すれば、優れた投資成果を得ることができる。同様に、それを奉じれば最終的に大惨事に至る破壊的な原理がある。市場で「タイミングを計る」ことができると考えているならば、あらゆる失敗はその誤った信念それ自体ではなく、実践方法のせいにされる。だが、市場でうまく「タイミングを計る」ことが不可能であることを受け入れれば、「もっとうまくやる」方法に思い悩む必要はない。正しい信念を持てば、そのような努力をする必要性がなくなるのだ。

われわれは、投資における適切な基本原則となるものは何か、そして何がそうならないのかという問題に多くの時間を費やすことができた。時間をかけて精査された一貫した仮定や指針に基づいて世界観が構築されているのだ。金融市場という世界には多くの誤った前提が広まっているが、その結果として必然的に導かれる破壊的な結果はそのような理論をあっという間に無効にしてしまうので、それ以上悩まされる必要はない。

このように長々と説明しているのは、本章において自社株買いに幾ばくか批判的な結論を示すつもりだからである。私は自社株買いそれ自体には反対ではないが、株主に友好的なフリーキャッシュフローの使い方という点では、配当の支払いのほうが優れていると主張したいのである。また、自社株買いを承認する際の理想的とは言えない動機のいくつかを指摘するつもりである。最も重要なことは、自社株買いによって株主が得る効果と比較して、支払い配当額が増大することの構造的・現実的な効果を主張するつもりである。総合すれば、読者は私が「反自社株買い」であると結論するかもしれない。

実際のところ、私は自社株買いに反対してはいない。それはわが国の資本市場において極めて重要な役割を果たしているし、潜在的に株主に対して極めて友好的な目的を持ち得るものであり、また企業の財務担当者にとっては現代の財務手法において欠かせない道具でもある。それゆえ、本章において株主にとってはより良い選択肢だと私が考えている支払い配当の増額との比較に多くを割くことにはなるが、私は自社株買いには賛成なのである。

ここでも前提と結果が重要である。つまり、私が自社株買いに反対、または慎重な姿勢をとる場合でさえ、その論拠は今日それを熱烈に支持する者たちとはまったく異なるものである。現在、誤った前提に基づいた大きな動きがあるが、特定の事象に対する私の考え方と反自社株買いの動きには時折重複しているように思える場合がある。だが、まったく重複していない。私は自分と同じ結論に至る者ならだれでも受け入れると思われるかもしれないが、そのようなことはしない。私が求めているのは前述の最初のシナリオだ、つまり正しい論拠と正しい結果である。今日多く見られる自社株買いに対する批判には、私が一緒にされたくないと考えている「撹乱症候群」がある。それゆえ私は注意深く話を進め、配当成長株について説得力ある説明をすることを心に決め、そして結果ばかり素晴らしい誤った主張を回避しようとしているのだ。

自社株買いに反対する誤った主張の裏にあるものは何であろうか。自社株買いに対する批判のほとんどは、実は資本の私的所有に対する批判であり、資本対労働（自らの知的コミットメントに対する自覚はさまざまではあるが）という誤った見方に根差したものである。本質的に、自社株買いに対する現在のヒステリーは、自社株買いがどのように機能するのか、なぜ行われるのか、そしてどのような効果をもたらすのかということに対する根深い誤解に原因があるようだ。そのような批判に対しては、自社株買いを擁護しなければならない。まっとうな根拠のある批評もあるであろうし、配当成長株という視点からその優位性を主張することもできようが、ここでは正しい前提に立ち返りたいので、異なる立場をとることをお許しいただきたい。

最もよく耳にする批判は、自社株買いは賃金を減少させるというものだ。これは間違いなのだが、レトリックとしては極めて好都合である。というのも、世の中は人々の所得が増えることを望んでおり、当然ながら、自社株買いのせいで勤労に励む家計の所得が減少しているとするのは本質的に感情に訴えかけるものがある。

クオンツ投資の第一人者であり、ＡＱＲキャピタル・マネジメントを創設したクオンツの天才であるクリフ・アスネスは、本章の最初に引用した言葉を含め自社株買いに関して多くの発言をしている。彼はまた「自社株買い以上にバカげた金融の話題などあるのだろうか」と問うてきた。アスネスは正しいのだが、残念ながら、現在の自社株買いに関する議論は億万長者のファンドマネジャーたちの間で意見の一致を見ないというばかりではない。自社株買いに反対する者たちの誤解の根底には危険なイデオロギーが潜んでおり、彼らのメッセージは無垢な聴衆の支持を得て勢いを増している。

自社株買いには企業の利益から創出された資金が充当されるのであるから、自社株買いによって給与やボーナスのような、企業のその他の支出に用いられるべき資金を使い果たされてしまうと主張することは、本質的に利益の存在そのものに反対することになってしまう。基本的にこの考え方は古典的なゼロサムの過誤に基づいている。つまり、自社株買いは「事業のダイナミズム、収入や富の不公平、労働者階級の経済的停滞、そして国家の成長率に根本的な影響を与える従業員の報酬や研究開発、その他企業の優先事項から資金を引きはがすものだ」[33]と考えているわけだ。

経済成長の停滞や低い生産性や労災のささいな増額の責任を自社株買いに問うのは政治的な主張であり、投資における主張ではないが、どちらの場合も誤りである。「企業は長期的な競争力を改善したり、従業員たちに投資をするよりも、短期的に株主たちをより豊かにすることに血道を上げている」[34]という主張は時代遅れであり、ほかの社会階層に対するひがみであり、道徳的にも経済的にも誤りである。

自社株買いの資金がどこからくるのか、何のために用いられるのか、そして企業のバランスシートにどのような影響があるのかを理解することが重要である。自社株買いは企業にとって費用ではない。企業利益、つまり収益から費用を差し引いたあとに残った資金が用いられるのだ。企業は、研究開発などの費用に充当できる収益を蓄えておいたり、配当として払い出したり、将来のために積み立てておくのではなく、自社株買いに費消することを非難されることがある。だが、自社株買いは企業のほかの費用と比較すべきものではなく、そう主張しているのは良くても無知、悪ければ不正直である。

自社株買いによって報酬の増大が締め出されてしまうという批判は、自社株買いがより少なければ従業員の給与が増えたという主張に多くを負っている。給与を増やせば利益が減り、利益を減らせば給与を増やせるという主張は計算上は正しい。しかし、現在の議論にはまったく役に立たない。本来はこう問うべきだ。企業のステークホルダーの価値を左右するものは何か、雇用を創出し、給与を増やし、自由企業のエンジンとして機能する経済的生産性を高めるインセンティブを生み出すものは何か。利益そのものを攻撃することは、仮にうまくいっても、給与の財源たる資金を縮小させるだけである。

実は、図らずも自社株買いは従業員の給与を大きく増やす源泉となる。過去二〇年間に行われた従業員への株式付与によって、一般的なプログラマーや事務職員や営業マンやデザイナーなどがこれまでにない資産を手にすることになった。一年間に付与される株式が賃金の上昇に含まれないと言われて納得するアップルの従業員がいるだろうか。制限付株式やストックオプションで付与される株式はどこからくるのだろうか。企業が買い戻した株式からである。

労働者を守るという名目で自社株買いに反対するのは、根本的に誤った二分法である。なぜなら、自社株買いはリサーチや機を見た買収、訓練、資材、そして労働者の報酬を犠牲にして行われると信じているならば、自社株買いを推進する者たちはまさに自分たちが手にする利益を台無しにしようとしていることになるからである。

自社株買いは新たな投資を引きつけることを難しくするという考えは明らかにバカげている。バランスシートの自己資本が多い（ＥＰＳ［一株当たり利益］が大きい）ほど、企業の購買力や公開市場での借り入れ能力は高まる。投資家はでき得るかぎり最も効率的な資本配分を望んでおり、新しい投資を引きつけようとしている企業がその求めに応えることになる。ここでもまた、現実社会に照らせば、利益を増大させ、公表したキャッシュフローを用いて株数を減少させている（価値を創造している）企業は資金の調達経路を絶っているという結論にはならない。そのような二元論的な考え方は、バランスシートの管理や収益管理という知識を欠いている。

本書の主題がはっきりと示しているように、配当は株主に報いる方法としては投資家により友好的であり、彼らにプラスのキャッシュフローを提供し、一貫して株式を保有することに伴うリスクを増幅させるのではなく、定期的に投資収益を実現することを可能とする。だが、これは企業が利益を通じて生み出した資本を取締役会がどのように配分すべきかという議論であって、利益そのものに反対しているのではない。

自社株買いに関する私の「論点」は、自社株買いに反対する支配的な主張とは論拠が異なっていることを適切に説明できていることを願っている。投資家であるわれわれの論点は企業が獲得した利益をどうするかということに尽きるのであり、利益そのものが社会にとって健全かどうかということではないのだ。

上場企業には自分たちの「利益」をどう処理するかについていくつかの選択肢がある。株式投資家たる目的は「企業利益に対する請求権」を受け取ることに尽きるので、われわれ投資家は企業の経営者がどのような選択をするかにおおいに関心がある。だが、本質的にその「請求権」は文字どおり請求権を意味するものではない。企業の経営陣は利益の利用法を選択し、そして実行する。順不同となるが、次にその選択肢を挙げていく。

一．自社内で再投資する　企業は収益を生み出し、費用を支払い、残った利益を手にし、そしてその利益を用いて新製品を開発し、新たな市場に手を広げたり、または成功への新たな道筋を追い求めたりする。これは最も一般的な利益の使い方であり、理論上もまったく正しい利用法である。

二．債務を返済する　バランスシートに債務を計上している企業がそれを返済する方法は二つしかない。資本取引を行うか、稼いだ利益から返済するかである。言い換えれば、株式を発行することでバランスシート上の債務を置き換えるか、新たな資金を借り入れ、古い債務と置き換えるかである。それ以外に債務を削減する唯一の方法は、実際に稼いだ利益を返済に充てることである。借り入れを行う主たる理由はそれによって可能となった活動から最終的に利益を上げることだということもできよう。

三．合併買収（M&A）　さほど一般的ではないが、それでも企業利益の利用法としては華々しい選択肢の一つが、利益を用いて戦略上有効な他社を買収することである。例えば、競争を抑えたり、営業圏を拡大したり、費用面での相乗効果を得たりといった具合だ。競合他社の買収に「投じられた」利益が、やがてより大きな利益を生み出す一助となる（ならない）こともある。

四．留保する　これは「万一への備え」で、企業は利益を留保し、それにかかる税金を支払い、おそらくは将来用いるためにバランスシート上の現金を増大させることである。

五．自社株買い　もちろん、これが本章の主題である。利益となった現金をこのように利用することで、株数が減少するので、利益水準が変わらなくても「ＥＰＳ」を引き上げることができる。この方法の大きな利点はその容量にある。つまり、上場している大会社の発行済み株式は無限（文字どおり無限ではない）なまでに大量であるため、財務担当者は自社株買いで一度に多額の資金を使うことができる。すぐに理解できるだろうが、これによって現代の経済では極めて一般的になっている従業員向けの多くのコンペンセーションプログラムが可能となる。

六．配当を支払う

そして、これは本書の主題である。最もシンプルな形式では、株主に払い出される企業が稼いだ利益の一部が配当であるが、これは最も明解かつ簡単に定義できる「利益に対する請求権」の形である。

企業が税引き後利益をどのように扱うかという複雑な問題のすべてを解明することは本章の範囲をはるかに超えるものである。ＣＦＯ（最高財務責任者）たちは前述のリストから一つを選んでそれにすべての利益を投じるのではない。企業の長期的な成長目標や、最適なバランスシートの必要性、格付け機関からの要請や独自のビジネスモデルなど、比較検討すべき問題は常に多く存在する。それが「自社株買い」と「配当支払い」に関するマスコミ報道が多くなされる理由の一つであり、まさに巨額の自社株買いはさまざまな報酬制度を通じて従業員に株式を付与する目的で行われるものである。そのような制度に積極的な企業（概してシリコンバレーがそうである）もあれば、そのような方法は志向しない企業もある。それぞれの企業が持つ個別の必要性や複雑さゆえに、極めて多用な資本分配方法が必要となる。

それゆえ、自社株買いと配当支払いに対する考え方の違いは企業によってさまざまであると認識している。配当の支払いに対するより新しい批判は、自社株買いのほうが株主に資金を還元する方法としては節税効果が高いというものだ。よく考えられた主張であることが多いが、議論が必要であることはたしかである。株主が手にする経済的効果は、配当と自社株買いとでは同じなのだろうか。これに対する私の回答は常にノーである。

自社株買いが配当の支払いと同じ効果を投資家にもたらすのは、税務面でより良い効果を発揮する場合だけである、という私の主張を四つのカテゴリーに分解してみよう。

一．リスクの増幅
二．利益の一致
三．キャッシュフローのメカニズム
四．結果の不安定さ

「リスクの増幅」を最初に挙げたのは、それが最も重要なカテゴリーだと考えているからである。本質的に、企業にとって自社株買いは株主への資金還元ではない。そして、第1章で議論したとおり、すべての投資家の関心事は資金を回収する（今か将来か、大きな額か少ない額か）ことにある。自社株買いが潜在的価値を高めることは私も認めるが、それは投資の資金化ではない。

一万ドルの利益を上げる企業があり、一〇〇人の株主がそれぞれ一〇〇株ずつ保有していると仮定してみよう。この企業が利益の一万ドルを使って一〇〇株を買い戻すとすると、株主は九九人となる。すると、かつては一〇〇人で所有していたものと同じ価値を持つ何かを九九人の株主で所有することになる。これは逆希薄化効果であり、人々により多くの所有権を与えることになる。

だが、この「何か」とはリスクのある事業なのだ。もちろん、株主が合意していることであるのだからそのこと自体はまったく問題ない。だが、彼らはある程度の見返りを得るためにリスクをとることに合意しているのである。配当が支払われると、彼らはそのリスクを正当化するリターンを何度にもわたって手にすることになる、と控えめに言っておこう。後に企業で何か問題が起こる、つまり強力な競合他社が現れたり、経営幹部が誤りを犯したり、スキャンダルが発覚したり、製品やサービスが時代遅れになったとしても、その株主は常に配当は手にすることになるだろう。彼らは自らの投資から収益を得ているのだ。彼らはリスクをとった分の報酬を得ているのである。企業が株主に配当を支払うことで資金は減少するが、株主の手には資金がある。彼らがお金を稼いだのだ。彼らは自らの投資に対する報酬を得たのである。このリスクが報いられるプロセスは、配当投資家が投資を続けるかぎり、何四半期も繰り返し実行されるのである（企業が配当を支払い続けるならば）。

一方、自社株買いでは、株主は資金を受け取るのでもなければ、株式を受け取るのでもない。言ってみれば、彼らの帳簿上、目に見える効果はないのだ。これはまったく効果がないという意味ではない。前述のとおり、株数が減少しているので、彼らが所有する株式はより多くの利益に対する請求権を持っていることになる。だが、投資家への還元のない投資を続けることで、投資家はリスクを複利運用していることになる。企業がより多くの株式を買うたびに、彼らは株主に資金化を先送りするよう求めていることになる。企業がより多くの収益を上げ、自社株買いが投資家に逆希薄化効果をもたらすかもしれないが、株主たちは補償のないリスクが積み上がるに任せていることになる。

では、さらに事を難しくするが、往々にして自社株買いは、何ら有意義な方法で株数を減少させたり、EPSを増大させたりしていない。それはむしろストックオプションや制限付き株式を手当てするための報酬体系であり、企業幹部の報酬制度のようなものである。もちろん、これは企業が既存の従業員や幹部たちに支払わなければならない資金であるが、株式をこのように発行する（株式の買い戻しを通じて企業が買い取った株式を用いて）ことで、さもなければ増大してしまう給与や賞与を制限することで利益を守っているのだと主張することはできよう。これは理論上はたしかに正しいが、実際の利益はどれほどか、自分たちが主張できる実際の金額はいくらかという問題に投資家が困惑していることは間違いない。実際に行われていることはバランスシートを使って損益計算書を書きかえているだけにもかかわらず、企業が買い戻した株式を「株主に対する資金還元」と呼ぶのは何とも腹黒いことである。

事を複雑にするもう一つの要素が、経営幹部が利益相反に陥る可能性があることである。多くの企業が、ESPや株価を基準にCEO（最高経営責任者）やCFO（最高財務責任者）に報酬を提供しているが、それによって安定成長や長期的な健全さ（配当によって増強される特性）と、自社株買いなどを決断した者に不釣り合いなまでに報いる可能性のあるより短期志向の選択肢との間で実際に対立が発生している。

自社株買いは市場に対して配当のそれと同じシグナルを送るのだろうか、つまり同社の幹部は株が割安だと考えているのか、ということだ。もしそうであれば、彼らのバリュエーションに関する判断は間違っている。いつもながら自社株買いは市場が高値にあるときに増え、市場が安値にあるときに減る。企業幹部はほかのだれよりも市場のタイミングを計るのが下手なのだ。信頼のおける配当の支払いを通じて安定的に増大するキャッシュフローは、計測や定義が可能で、ルールに基づくものである。大規模な自社株買いは多くの意味を持ち得るし、素晴らしいこともあるだろうが、企業が実際に割安となっているときに自社株買いが行われていることを示す歴史的事実は存在しない。

自社株買いを批判する者の多くが、大量の株式を買い戻したあとに、株価を下落させてしまった企業を都合良く取り上げて、反対意見を唱える。ここでも、私はそのような主張とは一線を画さなければならない。GM（ゼネラルモーターズ）とIBMは過去二〇年にわたって苦しんでいる（IBMよりGE［ゼネラル・エレクトリック］のほうが苦しんでいる）が、彼らは多額の資金を自社株買いに充当しただけでなく、配当にも多額の資金を費消してきた。私の学術的誠意に基づけば、自らの主張に適する特定の事例を取り上げて、それを規範とすることも、私独自の方法ではなし得ないことをできるふりをすることも許

図表8－1

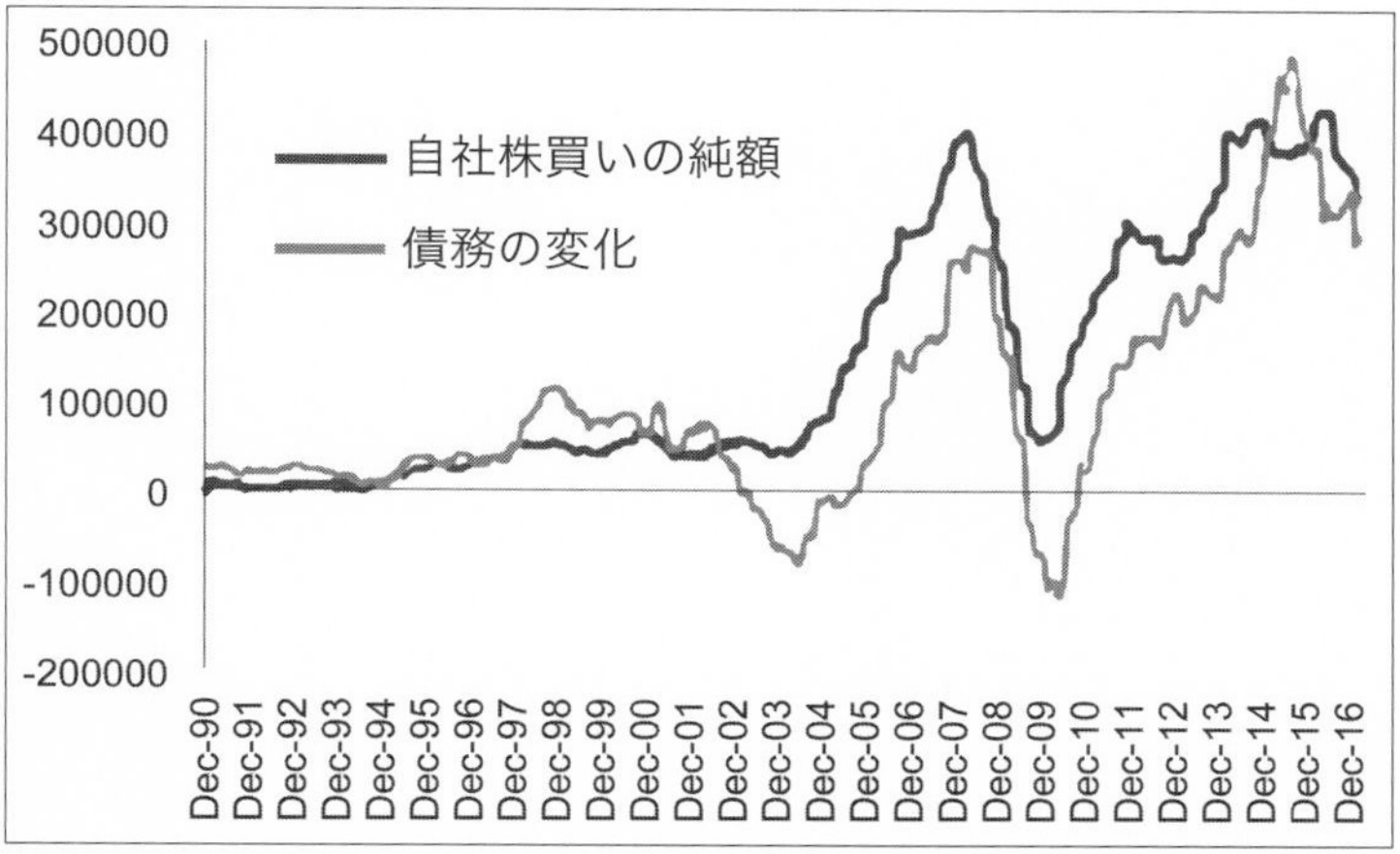

出所＝SG・クロス・アセット・リサーチ・エクイティ・クオンツ、ハイゼンベルグ・リポート（2018年2月20日）

されない。

だが、自社株買いに対する批判で一つ真っ当な点は、それらが債務を増大させることによって実行されることが多いということだ。実際に、債券発行と自社株買いの相関関係は信じられないほどのものである（**図表8－1**）。

ここでもまた「だが、企業は配当を支払うために借り入れを起こすことだってあるじゃないか」という反論があるかもしれない。幸運なことに、この反論には次の第9章において包括的に答えることになる。私が自社株買いのための借り入れを取り上げたのは、バランスシートを改善させる（株式の持ち分を増やす）ことで、それがあたかもただキャッシュフローを利用している（税金面での負担をかけることなく株主に報いる）だけのことのように説明されているからである。だが、実際にはEPSという点で株式の価値が増大しても、資本構造の面では債務が増えている場合が多く、それによって株主のリスクをさらに増幅させることになっているのだ。

自社株買いのための過大な借り入れに対する解決策は、経済がROIC（投下資本利益率）を下回る人為的な低金利ではなく、自然金利に立ち返ることである。二〇〇八年以降の金融政策は、この財政的操作を奨励するものであるが、それを行うためには企業の財務部門の知恵に頼らざるを得ないのである。

最後に、利害の不調和をも生み出す周辺環境があるかぎり、企業は配当を発表するような方法で自社株買いを「発表」することはない。配当は承認を受け、発表され、払い出されるという手続きを踏む。自社株買いは「許可」を受けるが、散発的に執行されるので、いつ、どれほどの自社株買いが行われるのか株主にはほとんど分からない。自社株買いは義務ではない、つまり企業は許可を受けても、自らの意思で執行しないということもあるのだ。企業には認められた自社株買いを遂行しない真っ当な理由があると考えるであろうが、資本取引に先立って株主が唯一知ることができるのは認可された数量だけである。彼らは、実際に何が行われたかを知るためには次の四半期まで待たなければならない。配当は、計画と現実のこの差額を取り除くことで、実際に透明性を提供していることになる。

だが、配当を支払うのではなく、永続的に自社株買いを行うことによるリスクの増幅や、経営陣と株主との潜在的な利益相反は別としても、基本的な構造上の問題が存在する。投資家は自社株買いでは腹が膨れないのだ。第5章の引き出しの問題に立ち返れば、自社株買いが株主価値を最大化する方法としてどれほど効率的だと考えようとも、定期的なキャッシュフローを求めている投資家に実用的な流動性をもたらすことはない。「資金を還元する」企業に翻弄されるポートフォリオを持つ投資家は、資金が還元されなければ、自らの投資を資金化するために株式を売却しなければならないが、そうすることで本質的には、われわれが前の第7章で議論したものとまったく同じ構造上のリスクを生み出している。

先に説明したとおり、この構造上のリスクを軽々しく考えるべきではない。だが、この違いの重大さはそれにとどまらない。

配当は自社株買いよりもはるかに安定した傾向を持つ（図表8－2）。信頼に足る配当成長株という文脈において説得力ある議論がなされてきた歴史を通して正当性を証明されたこの現実が、伝統そして期待を生み出すのである。有配株、そして配当成長株に対する

図表8－2　S&P500構成銘柄の自社株買いと配当と営業利益（単位＝10億ドル、直近4四半期）

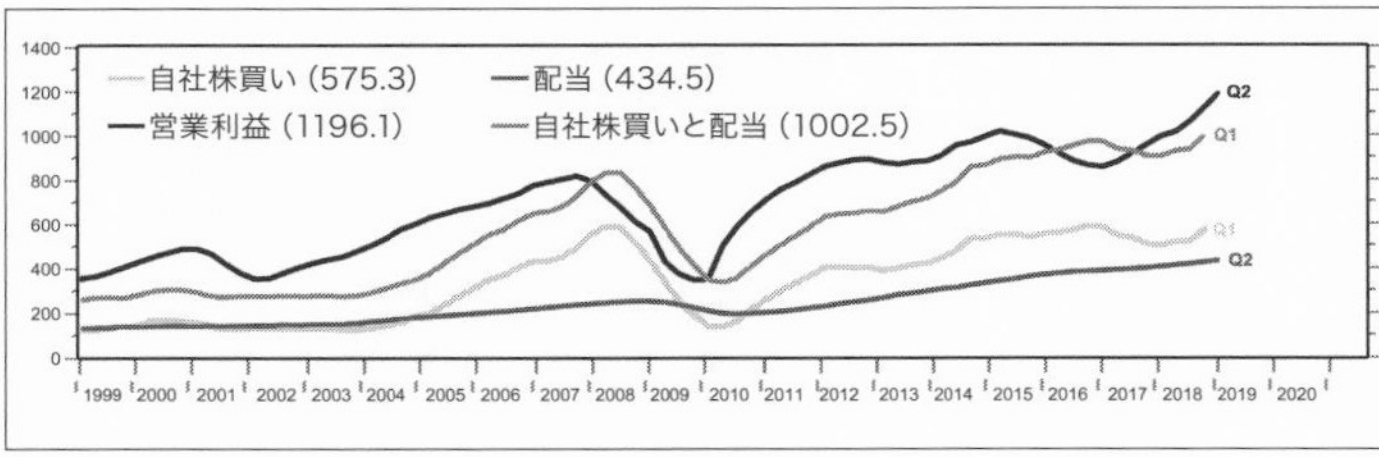

出所＝スタンダード・アンド・プアーズ・コーポレーション

市場の期待は配当を支払い、そしてそれを増大させるであろうというものだ。市場の下落期はおそらくは自社株買いを行う最良のタイミングではあろうが、そのような期待は現実の「自社株買い」には存在しない。むしろ、株価や利益に沿って自社株買いが行われる循環的影響を生み出すことになる。もちろん、この不安定な関係を歓迎する投資家も存在するが、より安定を求める投資家は配当のほうが信頼できると考えるであろうし、マイナスの要素（株主に対する資本還元という点における）を完全に回避しようとすらするであろう。

要するに、自社株買いは多くの場面において税引き後利益の価値ある利用法となる。利益そのものは成長へのインセンティブとなり、われわれが懸念している報酬や雇用を可能とするのであるから、自社株買いが給与や労働者やイノベーションの脅威となることはない。企業の業績が振るわないこともあるが、利益はイノベーションや生産性を推進する健全な動機となる。

われわれが注意しているのは企業が自分たちの利益をどう扱うかである。株主への配当に重きを置くことは自社株買いよりも株主の利益に合致し、操作される心配も少なく、シクリカルでも不安定でもなく、そしてほとんどの投資家に対して構造上の効果が大きいことを歴史が証明している。

ここでの結論は正しいと考えているが、より重要なことは正確な前提と考え方に依拠していることだと思う。あらゆる問題を検討するときには常にそうあるべきであろう。

第9章

目的を達成するためには減配を回避する

「投資家がこの簡単な多重質問にだけ目を向けていたら、投資ははるかに簡単なものとなるだろう。つまり、この配当は安全か、今後増えるのか」――ローウェル・ミラー

本書の中心命題には取り上げておかなければならない弱点がある。つまり、投資家が手にする配当収入が減少するリスクだ。違う言い方をするならば、配当成長株投資の対象となっている企業が減配を始めたらどうなるかということだ。

インカムが安定し、また増大しているかぎり資産価格の変化から影響を受けることはないと説明してきた。株価のリスクを無視できるのはひとえに配当が継続するからである。私は、配当が増大するのは企業がより安定してきているサインであると主張してきた。

蛇足であるが、配当が増大することを前提としているのだ。われわれは配当を増大させている企業はより安定していると考えているわけだが、それゆえ、ポートフォリオの安定性が増すという効果は減配によって弱められることになる。

配当の再投資というメカニズムが「複利の複利」というダイナミズムを生み出し、そこでは市場のボラティリティがリターンを増大させ、ほかの手法よりもはるかに大きな長期にわたるキャッシュフローを生み出すと主張してきた。では、再投資のメカニズムを壊すものは何であろうか。配当の減少である。複利の根拠を台無しにするのは何であろうか。配当の減少である。

ポートフォリオの価額にかかわらず、将来にインカムを手にできることが分かっていれば、資産の引き出しを行う者たちはおおいに安心することができると説明してきた。資産価格は上がったり下がったりするが、確実なインカム（その増大は言うまでもない）によって引退した人やその他の引き出しを行う人たちは市場のボラティリティから身を守ることができる。だが、インカムが減少したらどうだろうか。このシステムが逆転してしまう。

ここまでで、配当成長株からなる管理の行き届いたポートフォリオが長期にわたりプレミアムを提供することを立証してきた。だが、もちろん、この主張から配当を取り除けば、プレミアムの根拠もなくなることになる。

長期にわたりインカムが増大するポートフォリオが、どのようにして破壊的なインフレに対して驚くほどのヘッジや防衛策となるかを示してきた。しかし、購買力の喪失は価値の喪失であり、支出が収入よりも早く増大すれば、投資家はたとえ書面上では分からなくとも、その元本の「価値」を失っている。それゆえ、インフレ率よりも大きく増大するポートフォリオのインカムがこの懸念を取り除いてくれるのだが、インカムの増大が台無しになれば、この主張全体が台無しになるのは明白である。

貨物運送会社のUPSを見てみると、同社の株価は過去五年間にわたって標準的なボラティリティを示しているが、配当の支払いは極めて安定しており、一貫して増大している。その結果、配当は増大し、株価も上昇を続けている（**図表9−1**）。

私は配当成長株投資を支持しているが、この明白な事実について隠し立てはしない。つまり、本書で目にする配当成長株投資を支持するさまざまな主張は、ポートフォリオがもたらす配当によるインカムが実際に増大することを前提としている。

だが、この弱点は本書の中心命題を脅かすものではない。というのも、配当成長株からなるポートフォリオの持続可能性は守られるものだからである。われわれは減配による実在のダメージを把握することができ、その間ずっと減配を回避すべくポートフォリオを管理しているのだ。それに伴う作業こそが本章の主題である。

個別株における減配を回避するために何が重要かという問題に取り組む前に、その問題

図表9－1　UPSでは配当が株価を押し上げている

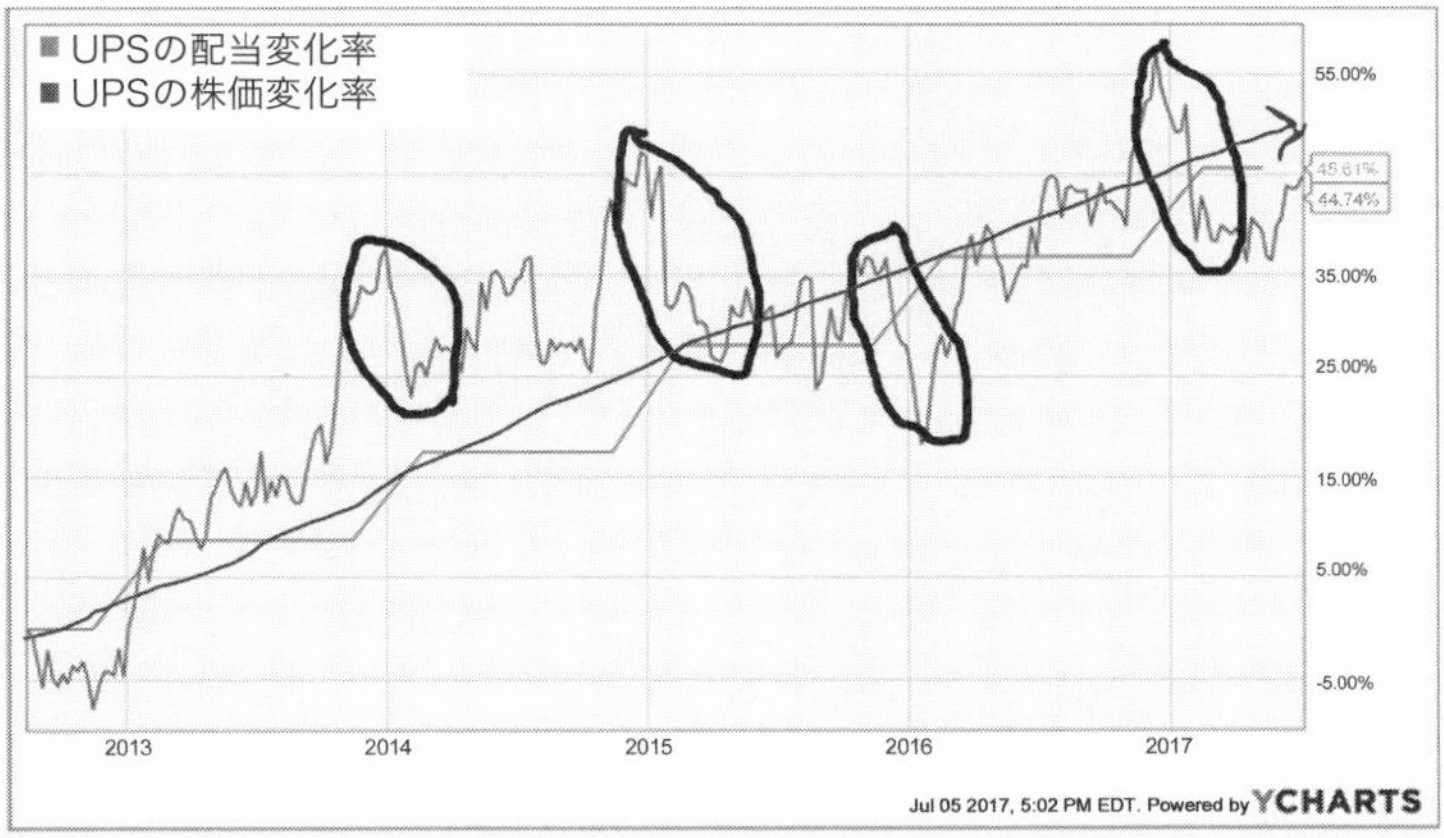

とポートフォリオのインカムという問題とを区別しよう。別な言い方をすれば、ある一社の企業が配当を減少させたら、この戦略のすべての効果や根拠がなくなってしまうのか、または実際にこの戦略の命題を台無しにするにはポートフォリオ全体のインカムが低減する必要があるのかということである。もちろん、一銘柄ではなく、ポートフォリオ全体が生み出すキャッシュフローが重要であるというのがその答えである。だが、ポートフォリオに含まれるある一銘柄が減配すれば、その他いくつかの銘柄も減配する可能性はある。

さらに、ポートフォリオの幾つかの銘柄が減配すれば、ポートフォリオ全体のインカムは容易に減少してしまう。言い換えれば、銘柄の分散こそが重要であり、有効であって、それを軽々しくとらえるべきではないということだが、分散ができていれば、減配の危険に対する十分な備えがあると仮定することもできないだろう。減配が起こり得るポートフォリオは潜在的に脆弱なのだ。

すべての条件を同じとすれば、減配が行われる可能性がある時期（一般に景気後退期）には、投資家は分散効果を生かすべきである。私は、減配を回避する可能性が高いポートフォリオを構築できるようにする経済的特性や文化的傾向があると考えている。そのような経済的・文化的現実に基づいて綿密に構築されたポートフォリオに含まれる一つか二つの銘柄で予期しない減配に直面することはあるだろうか。もちろん、理論上それはあり得る。だが、例外的に個別銘柄が減配を行う場合でさえ、このようなポートフォリオの方向性（総体として）はインカムの減少からうまく身を守ることができると提言するだけの説得力ある実証例があるだろう。

実際のところ、二回のひどい景気後退（二回目のそれはありがたいことに「グレートリセッション」と呼ばれている）に挟まれた二〇〇〇～二〇一〇年の期間以上に配当の安定性が危機にさらされる時期を想像するのは容易ではなかろう。この一〇年間の配当収益と配当収益の増大を取り上げても、ポートフォリオのパフォーマンスをチェリーピック（都合の良いところだけを抜き出す）したことにはならず、むしろキャッシュフローの安定性に焦点を当てた幅広いカテゴリーの銘柄群に寄せたと言えるであろう（図表9－2）。今世紀の幕開けとなった株価指数の四〇％超の下落とアメリカ本土に対する史上最悪のテロ攻撃でも、適切に選択され、分散された配当成長株がもたらす配当の、全体としての増大を損ねることができなかったのであれば、ある程度信頼してもよいのではなかろうか。そして、重要な金融セクターの銘柄が実際に配当を減少させた大恐慌以来最悪と言われる金融危機にあっても、この投資テーマが有効であったという事実はこのコンセプトに対するわれわれの信念を後押しするものではなかろうか。

本章の目的は、歴史的に見て、市場が低迷している時期でも配当成長株がうまくいくことを強調することだけではない。過去のパフォーマンスは将来の結果を保証するものではない。それよりも、過去のパフォーマンスは配当がどれほど持続可能なものであったか、そしてそれを維持するためには何が必要かを説明することが目的である。配当成長株を、少なくとも本章での仮定と同程度の信頼度を持って指数化することはできない。配当成長株を指数化するためには、過去の特性が将来も維持されると仮定する必要がある。過去に配当成長株たらしめた特性を長きにわたり管理し、維持し、そして監視しなければならな

図表9－2　資産の成長（2001/12/31～2017/12/31）

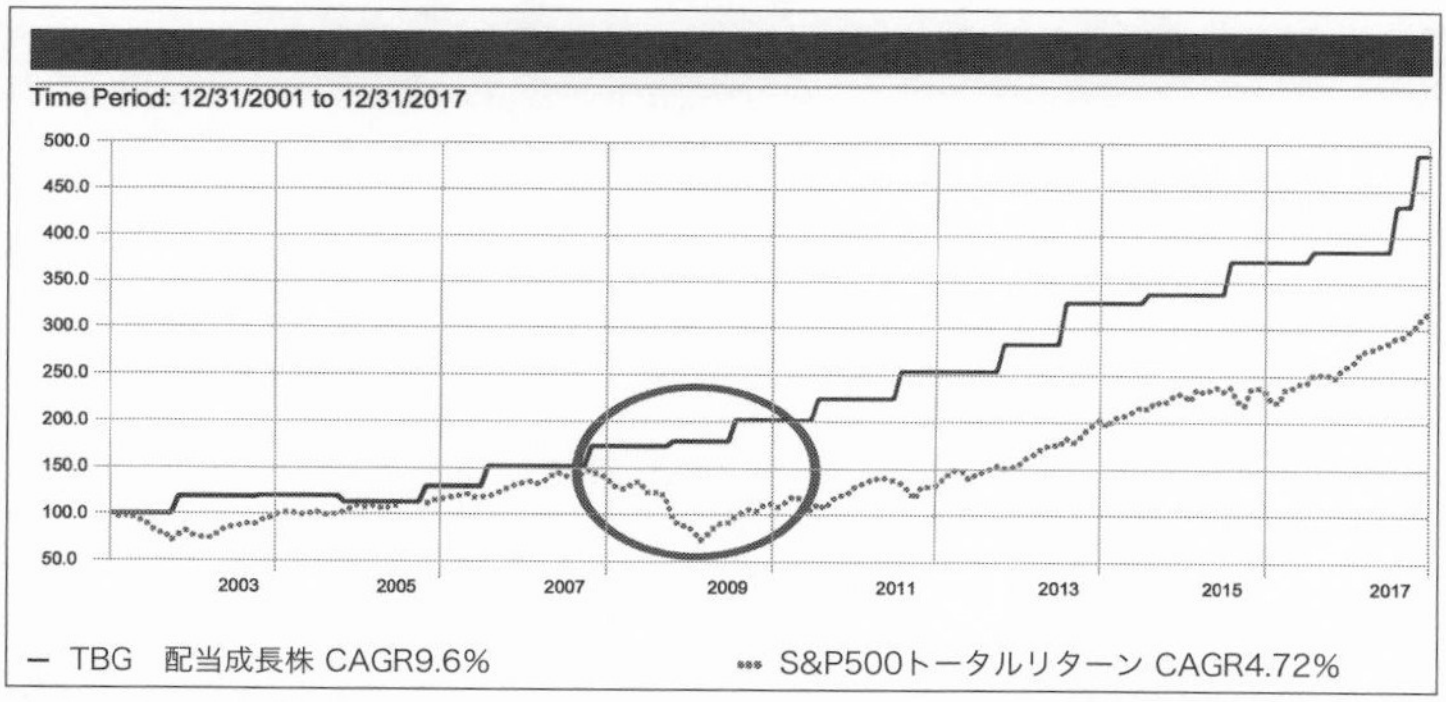

出所＝2018年1月のファクトセット・リサーチ。配当成長モデルでは現在保有している30銘柄超のバスケットを利用し、どのようなパフォーマンスを示すかを2001年までバックテストしている。インカムは年9.6％増大し、配当収入が減少した年はない。点線はこの期間（2002～2017年）におけるS&P500の株価だけのパフォーマンスを示している[35]。これは説明のために構築された仮定のポートフォリオであり、減配株を意図的に除外してはいない

い。

配当を減少させる企業をどのように回避するのか。配当の安定性は経営状態の良い企業が生み出す偶然の副産物ではない。われわれの分析、そして取り組みは、企業が配当を支払おうとする意欲（文化的）、そして能力（経済的）を持ち合わせているかどうかが起点となる。**図表9－3**は、配当を削減した企業数と景気後退とに見られる当然の相関関係を示している。

このチャートが「語っている」ことは、多くの企業がシクリカルな経済状況におおいに影響を受けるということだ。それが驚くことではないことはた

図表9－3　S&P500を構成する銘柄のうち減配を行った企業数

過去12カ月で配当を削減した企業（1972/12/31～2017/2/28）

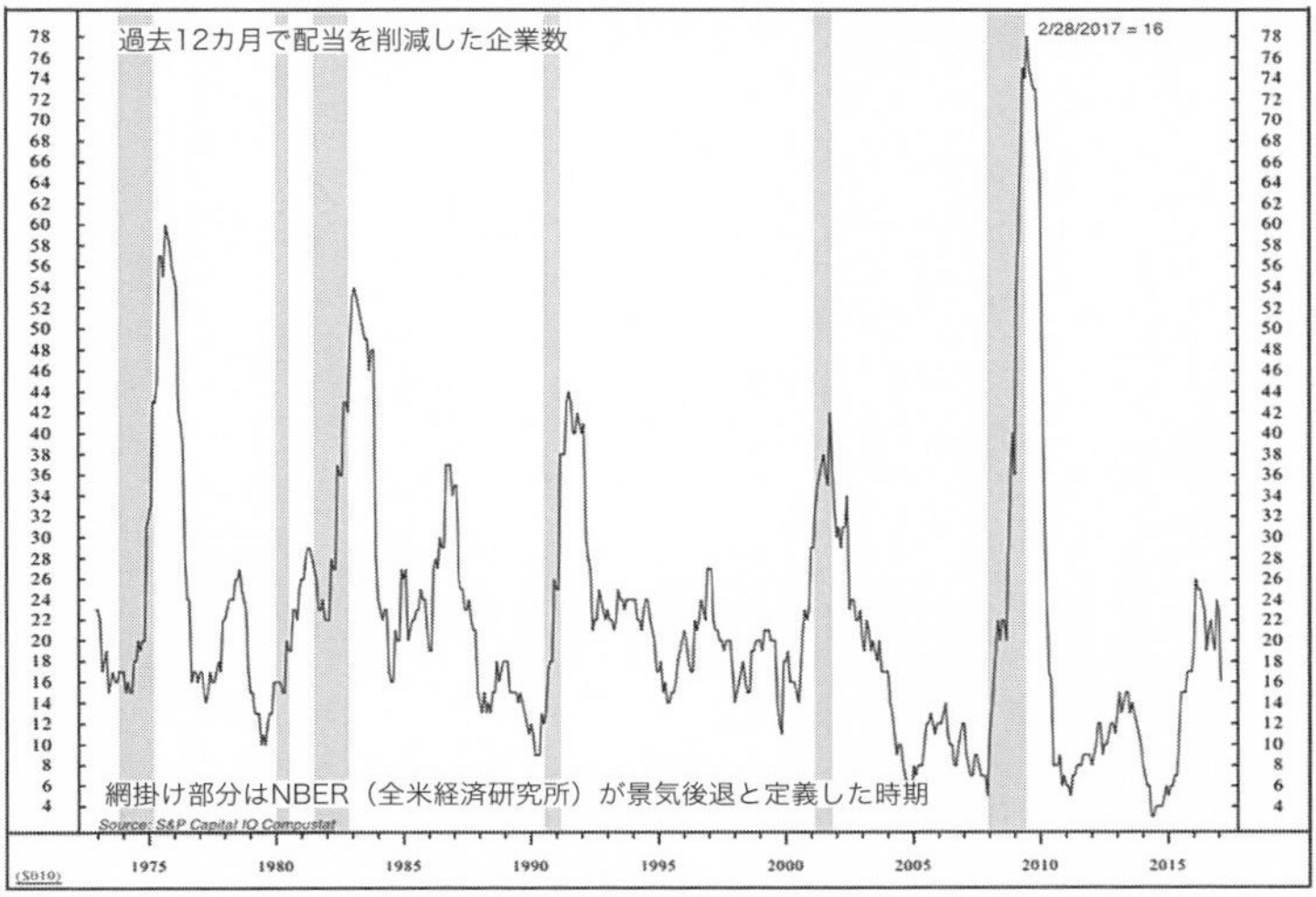

しかだ。なぜなら、多くの企業が景気後退からマイナスの影響を受けないのであれば、おそらくリセッションとはならないであろう。だが、経済状況が悪化しているときでさえ、配当は安定し、また維持できると私は確信している。配当を継続的に支払うことができるようにするためには、初めから無謀な金額を支払わないことが重要である。では、責任ある配当の支払いとはどのようなものか、どの財政指標を見ればよいのか、そして「意欲」や「文化」という言葉が何を意味しているのかを説明していこう。

「配当性向」とは払い出される配当が純利益に占める割合である。配当性向が低すぎるとすれば、株主に適切に報いようとしたがらない企業を保有しているのかもしれない。配当性向が高すぎるとすれば、不況期に減配を行いがちな企業である可能性がある。配当性向は、企業の財務担当幹部の手腕や思慮や株主に寄り添う姿勢、そして知恵が求められる重要な決定事項である。

第10章で「高利回り」と「利回りの上昇」との違いを述べるつもりであるが、配当の持続可能性という問題で多くの誤りが起こる原因は、それが区別できていないことにある。もう一つ質問をさせてほしい。配当の持続可能性だけを判断する際に、次の二つの銘柄の違いが分かるだろうか。

●一つは、株価が五〇ドルで二ドルの配当（利回りは四％）を支払う。昨年も二ドルを支払ったが、そのときの株価は八〇ドルであった。つまり、株価は昨年よりもかなり安くなっているのだが、利回りは一年前よりも六〇％高い。インカムが同額であることは言うまでもない。多くのファンドマネジャーが二・五％の利回りだったこの銘柄を好まなかったが、利回りが四％となった現在ではおおいに興味をそそられている。

●もう一つの銘柄も五〇ドルで、年間配当が一・八七ドル（利回りは三・七五％）である。昨年の配当は一・七〇ドル、その前の年が一・五〇ドルであった。配当は六年連続で年一〇～一五％増えている。株価も年一〇％ほど上昇している（だが、この期間のうち一年は株価は横ばいであった）。

多くのいわゆる「バリュー系」のファンドマネジャーにとって、どちらの銘柄がより説得力ある買いとなるだろうか。初めの銘柄は、安い（またはより安い）株価、高い利回り、低いＰＥＲ（株価収益率）といったバリューの特徴の多くを持っている。だが、配当成長株投資でこれら二つを比較するときにより重視するのは何であろうか。ほかの主たる情報がなければ、基本的にわれわれは前社を「利回りが上昇している」企業とみなし、後社を「利回りが低下した」と考える。しかし、計画性こそが重要なのだ。すべての利回りが数字だけで同じように評価してよいわけではない。株価が下落したことで利回りが上昇したことに喜んでいるのは、インフルエンザにかかったことで減量に成功したと喜んでいるようなものだ。よいだろうか。これは期待した形ではなく、その結果も持続可能なものではないのである。

表面上、興味深い利回りを示す企業は本質的に配当成長株になり得ると考える理由は必ずしもない。実際に、「利回りが偶発的に高い銘柄」が減配に陥りやすいことが経験的に分かっている。個人投資家、さらにはプロのファンドマネジャーの多くにとっても最も難しい二つのことに取り組むことが重要となるが、実のところ、それこそが本章の「秘伝のソース」なのだ。つまり、株価さらには「利回り」を無視し、企業が公表する実際の損益計算書とバランスシートに集中できるようにならなければならないということだ。

株価を見ても、キャッシュフローやキャッシュフロー負担倍率については何も分からない。本業の利益についても分からないことが多く、利益成長についてはなおさらである。すべての「利回り」には株価が関係しているが、それは計算するときに分母になるからである。配当の持続可能性を示す事業のファンダメンタルズ指標を見たいと思うのであれば、株価の先を見ることができるが、実際にそうしなければならないのである。今、われわれが議論しようとしている重要な指標のすべてに、一つの重要な要素が共通して存在するが、そこでは株価に触れる必要はないのである。

株価はその日のセンチメントに大きく影響を受ける。マクロの状況にも大きな影響を受ける。金利はＰＥＲに影響を与える。新聞の見出しを飾る出来事や「ノイズ」も日々の株価に影響を与える。ここでの目的は、配当の持続可能性と配当が将来にわたって増大する可能性を見極めることである。企業の防衛力（バランスシート、困難に立ち向かう能力といった要素）、そして攻撃力（成長戦略、フリーキャッシュフロー、市場シェアなど）の強さを測ることが目的である。将来支払われる配当は株価を見ても分からない。ノイズを乗り越えることは株式市場について学ぶすべての者たちにとって大切なことであるが、配当の健全性に関するファンダメンタルズの分析においてはとりわけ重要である。

配当を支払う能力は、まずは次に挙げる財務指標を用いることで分析することができる。

一．配当性向　利益が現在の水準から低下した場合でも配当を維持する「余力」があるか。借り入れをしたり、バランスシートを棄損させることなく配当性向を維持できることを利益の移動平均が示しているか。最も堅実なものは何かということについてすべての企業に当てはまる公式は存在しない。というのも、景気循環、季節要因、受注の流れ、在庫管理、資本支出の必要性といった変数は業界やセクター、企業によって異なるからである。乱暴なまでに高い配当性向は、最良でも現在の状態が続くことが期待できるにすぎない（現在の利益に占める支払い配当の割合が高すぎる企業は、翌年、現在の配当水準を大幅に上回るだけの純利益の増大が見込めるのであろうか）。最悪の場合、減配の可能性すらある。そして、中程度の水準であれば、すぐに減配されることはないかもしれないが、一方ですぐに増大する可能性が低いことを示している。配当成長株投資を行う者は利益の増大を望んでいるが、さらなる成長余地や景気循環に対する防衛策が得られる程度の配当性向を望んでいるのだ。

二、フリーキャッシュフロー

キャリアを通じて企業の財務諸表と何千回も格闘するなかで、私は企業の利益よりもフリーキャッシュフローの評価に大幅に時間を割いてきた。長期的にはキャッシュフローと利益は収束すると言える（そして、それは正しい）。だが、先にケインズの言葉を引用したように、「長期的にはわれわれはみんな死んでいる」のだ。発生主義会計の性質や資産の時価評価の影響、減価償却、企業が特定の収益をどのように記録するかなど、さまざまな要因によって、「利益」はわれわれが検証するフリーキャッシュフローよりもはるかに複雑な方法で計上されているのだ。基本的に、キャッシュフローを見れば、自分たちが知りたいことのすべてが分かるし、知りたくないことは分からない。利益は、とりわけ配当の持続可能性に関係するので「操作」されることがある。だが、「営業活動によるキャッシュフロー」は、企業が「実際に」どのように収益を得ているか、そして「実際に」その資金をどのように費消しているかを教えてくれる。配当に対するフリーキャッシュフローの倍率は、企業の配当の健全性を判断する重要な材料である。

三．利益の安定性

脅威的な業績を上げた企業の多くは、信頼に足る配当成長株のスクリーニングからは除外される。なぜなら、そのような企業の多くは利益のボラティリティが非常に高く、また事業のシクリカリティが高いので信頼に足る配当成長株とするには難しいのだ。配当成長株投資では、ある種エキサイティングで、シクリカルな事業は進んで回避し、より安定し、信頼に足る収益の流れに集中することを求められることが多い。生活必需品や公共事業や電気通信などは利益創出という点においてはボラティリティが低い傾向にある。一般的に、「必需品」（家庭用品、電力、住宅、医薬品、無線、水道、自動車など）の利益の波は変動が小さいので、配当に対する信頼も高まるのである。

四．バランスシート

バランスシートを把握することなく企業の見通しを判断するのは不可解に思えるのだが、企業の資産の質や流動性の状態や企業の配当成長にとって、最も大きな脅威となるレバレッジを把握しなければ、配当の安全性を理解しようとしても無駄である。企業のバランスシートは、資産とそれに見合う負債と株主資本から成り立っている。等式の両側は常に均衡している。資産を負債で割った比率はとても一般的な指標であるが、流動資産と流動負債の割合を知ることは流動性の安全性を把握するうえでとりわけ重要である。負債比率を見れば、バランスシート上でどれだけのレバレッジがかかっているかが分かるし、それに債務カバー率を組み合わせれば、当該企業の相対的な強さを把握することができる。支払金利はバランスシートではなく損益計算書に計上されるが、返済される債務の水準や構造はバランスシートに反映される。これらの情報がなければ配当の支払いを評価することはできないのだ。ここではあまりに詳細な問題は取り上げないが、特定の債務や銀行の借入枠に付随する条項も、企業の債務構造と同様に理解する必要がある。例えば、二〇〇九年、ＦＲＢ（米連邦準備制度理事会）は銀行に対して配当の支払いに厳しい制限を課していた。だが、ほとんどの銀行で、自分たちの貸付契約に配当の支払いに関して同様の条項や財務比率の要件を入れている。これは配当成長の可能性を総合的に把握するために理解する価値のあるものだ。

バランスシートや損益計算書が複雑極まる企業では、とりわけ実際に本業が生み出すキャッシュフローの理解が求められる。ちょっと立ち止まって、二〇〇七年後半から二〇〇八年初頭に金融機関が多くの人たちを欺いた方法を指摘しておく価値があろう。

私が身近に経験したシティグループを例に挙げる。二〇〇七年を通じて、同社はおよそ五〇ドルの株価に対して二・二〇ドルの年間配当を支払っていた（その後、同社の株式は一〇対一の株式併合を行っているので、併合前の価格と比較するためには今日の株価を一〇分の一にする必要がある）。このときの利回りはおよそ五％ほどであるが、その年の末までに株価は三〇ドル台まで下落したので、利回りは年六～七％に達した。だが、シティグループはどういうわけか二〇〇七年の最後の四半期会議で配当を維持した一方で、ほんの数週間後にはアブダビ投資は同社の一五％を売却し、その出資証券には一一％のクーポンの支払いが約されていた。バランスシートは不透明で、損益計算書も歪んでいたため、投資家には配当の持続可能性を評価する術がなかったのだ（常識以外には）。大ざっぱな方法であるが、仮に企業が一一％のコストで資金を借り入れるなり、株式を売却したとしたら、五％の配当を支払うことはおそらく困難であろう。数カ月のうちにシティグループの配当は四〇％削減され、最終的には無配になった。

定量化できる財務指標を知り、研究し、分析することも極めて重要であるが、それ以上に配当を守り、増やそうとする文化的な傾向、つまり意欲も重要である。それには経営陣に対する評価が必要であるが、あらゆる株式分析において最も無視される基準であろう。「ディールジャンキー」と呼べるＣＥＯ（最高経営責任者）が、メディアの注目を集めるような目立った買収を成功させることがある。次々に取引を求める企業の取締役会は、積極的に競争に取り組むことで称賛される。だが、アメリカ産業界におけるＭ＆Ａを数十年にわたって研究するなかで、思慮に欠ける合併買収ほど、安定的に配当を支払う文化やその経済的側面に対して大きな脅威となるものはないと言いたい。

Ｍ＆Ａは悪だという意味ではない。配当成長につながるような戦略的効果や費用面でのシナジーを生む取引も多い。市場には、見事な取引を通じて自らの配当余力を生み出す優れた有配株も存在する。だが、往々にして、大規模な取引によってバランスシートに無謀なまでに負債が増え、金利を支払うために既存の配当水準を超えるキャッシュフローが必要となり、最終的には（時間の経過とともに）配当にとって現実的な脅威となることが多いのである。

われわれが排除したい文化的弊害はＭ＆Ａによる障害だけではない。われわれは、真摯に株主に対する配当の支払いを増やそうとしている企業と、不満タラタラで配当を増やそうとする企業とを区別している。経営陣は社外とのコミュニケーションや自分たちの経験から、事業の成長に再投資される利益と株主への資本還元とをバランスさせる術を把握しておかなければならない。あまりに多くの経営幹部がウソつきで、無謀で、コミュニケーション能力を欠き、また概して株主に対する資本還元という考え自体に無関心である。

おそらく、「過去のパフォーマンスは将来の結果を保証するものではない」というただし書きは、配当を増大させてきた歴史を有する企業からはその経営文化がはっきりと見て取れるという明白な事実とは必ずしも矛盾しない。私は、過去二〇年、三〇年、四〇年、五〇年連続で配当を増大させてきた企業が今後もそれを継続すると保証することはできないが、彼らがそうしたいと考えていることの確たる証拠があることはたしかである。

結論として、減配、とりわけポートフォリオのインカムが前年に比べて全体として減少するようなことになれば、本書の命題を台無しにするという事実には議論の余地はない。だが、そのような事態は回避し得ないという考えは議論する価値がある。配当を維持し、増大させる企業の能力や意欲を評価する積極的で、熱心かつ入念で、首尾一貫したプロセスは実生活の経済分析から始まり、そして定性的・文化的・直観的な推論にまで及ぶ。そのようなプロセスの結果、個別銘柄の減配という危険を回避し、それゆえポートフォリオ全体の危機を回避する極めて防衛的なポートフォリオが構築されることになるのだ。

そして、資産基盤の増大につながる配当成長の流れが生まれ、人生において貯蓄の段階や引き出しの段階にある投資家双方にとって素晴らしい結果がもたらされることになるのである。

第10章

混乱を解消する――高利回りと配当成長

「資金が枯渇するのが分からない企業は、資金を枯渇させない方法なんて思いつかないだろう」
――ビル・グロス

「インカムを気にする必要はない。心配しなければならないのは結果だ」――ウォーレン・バフェット

「わら人形論法」の誤謬は相手の立場を歪曲して引用し、その歪曲された主張を批判し、実際に相手の立場を論破したと主張することである。たいていは意図的に行われるものであり、学術的な意味での論理的誤りであるばかりでなく、現実の実践的な意味においても不公平かつ無益なものである。たいていの場合、「わら人形論法」は意図的に構築され、向き合いたくない難しい主張に取り組む一助としたり、準備や自信のなさを補うために用いられる。だが、悪意のない無知から「わら人形論法」の主張がなされる場合があると私は考えている。相手の立場を徹底的に論破することは気持ちが良いが、相手の本当の意見

を論破できればなおさらであろう。

私は配当成長株投資に対する批判を何年にもわたって耳にしてきたが、まっとうな批判をほとんど聞いたことがない。意図したものか、真摯な誤解かにかかわらず、配当成長株の手法に対する批判は、配当成長株を奉じる者たちが採っていない立場、そして私が本書で実際に手間をかけて否定している立場を批評することにほとんどの時間を費やしている。

情けをもって見れば、批判者のほとんどは本当に混乱しているのではないかと思っている。わら人形論法であることに変わりはないが、その意図は邪悪なものではないと確信している。誤解の多くは、配当成長株投資を奉じる者たちが自分たちのメッセージをどう伝えているかに関係がある。私が本書で提案している投資哲学の主たる特徴を明確にすることが本章の目的である。

私が取り上げている「わら人形論法」による批判は、「高利回り株投資」と「配当成長株投資」とを混同していることに端を発するものが多い。違う言い方をすれば、成長率ではなく、利回りに基づいて議論が構築されているのだ。

わら人形論法の批判を行う者たちに公正を期するならば、有配株を推奨する者がいつも「有配株」の利点を称賛しているのを耳にしているが、実際に第10章に至ってなお、私が「有配株」について記しているると思われるであろう。だが、そうではない。私は「配当が増大する」株式について記しているのだ。読者の注意を引きながら、この二つを区別しないことは誤りであろう。

これは単なる意味論ではない。「有配株」という言葉は、私が本書で重要だと主張しているいかなることをも意味しない。追加で説明をしなければ、株式が配当を支払っているいかなる状況をも支持していると解釈することもできよう。配当が存在することだけが条件なのであれば、「大きな配当」は「それより少ない大きな配当」よりも優れているという理屈になる。言い換えれば、「高利回り」とはもはやジャンクボンドだけを指す言葉ではないということだ。配当成長株と高利回り株とが混同されると、「利回りが高ければ高いほど良い」というありきたりの結論に至ることになる。これは許容できる混同であり、配当成長株の考え方の公式を繰り返し明確にすることで修正され得るものである。

本書で私が主張しているのは「高配当」株ではない。「配当の成長率が高い」株式である。私は成長する株式を望んでいる。インカムをもたらす株式を望んでいる。だが、私が求める株式はインカムが増大する株式なのだ。これこそが、配当成長株投資という考え方の目的である。そして、それは私が実際には支持していないものと比較されるべきである。

利回りが高い理由、つまりインカムが増大したのか、株価が下落したのかに関係なく、また配当の持続可能性や配当が増大する見通しに関係なく、ただ直接利回りの高い株式を取得することを私は支持しない。

われわれの方法では、まず直接利回りがS&P五〇〇のそれよりも高い企業を取り上げる。理論上、直接利回りが二％の銘柄（現在、S&P五〇〇の利回りは一・七五％）はポートフォリオに含められる可能性があるということだ。

次の条件でほとんどの企業が検討対象から外れることになる。一般的に言うと、われわれは配当が過去五年間に五％以上増大していることを求めている。当初の利回りは主たる変数とはならないのである。

図表10－1に示した最初の仮定シナリオを検証してみよう。[36] 取得時の利回りが四％で、配当は年四％増大している。そのインカムを二〇年間にわたって再投資すると、なんと八万六〇〇〇ドルにもなる。これは当初の投資額の一七％に等しい。この仮定シナリオを否定する人はほとんどいないであろう。

だが、次に**図表10－2**に示した二つ目の仮定シナリオを検討してみよう。

取得時の利回りが三％（先の仮定よりも二五％低い）で、配当は年九・六％（かなり好

図表10－1

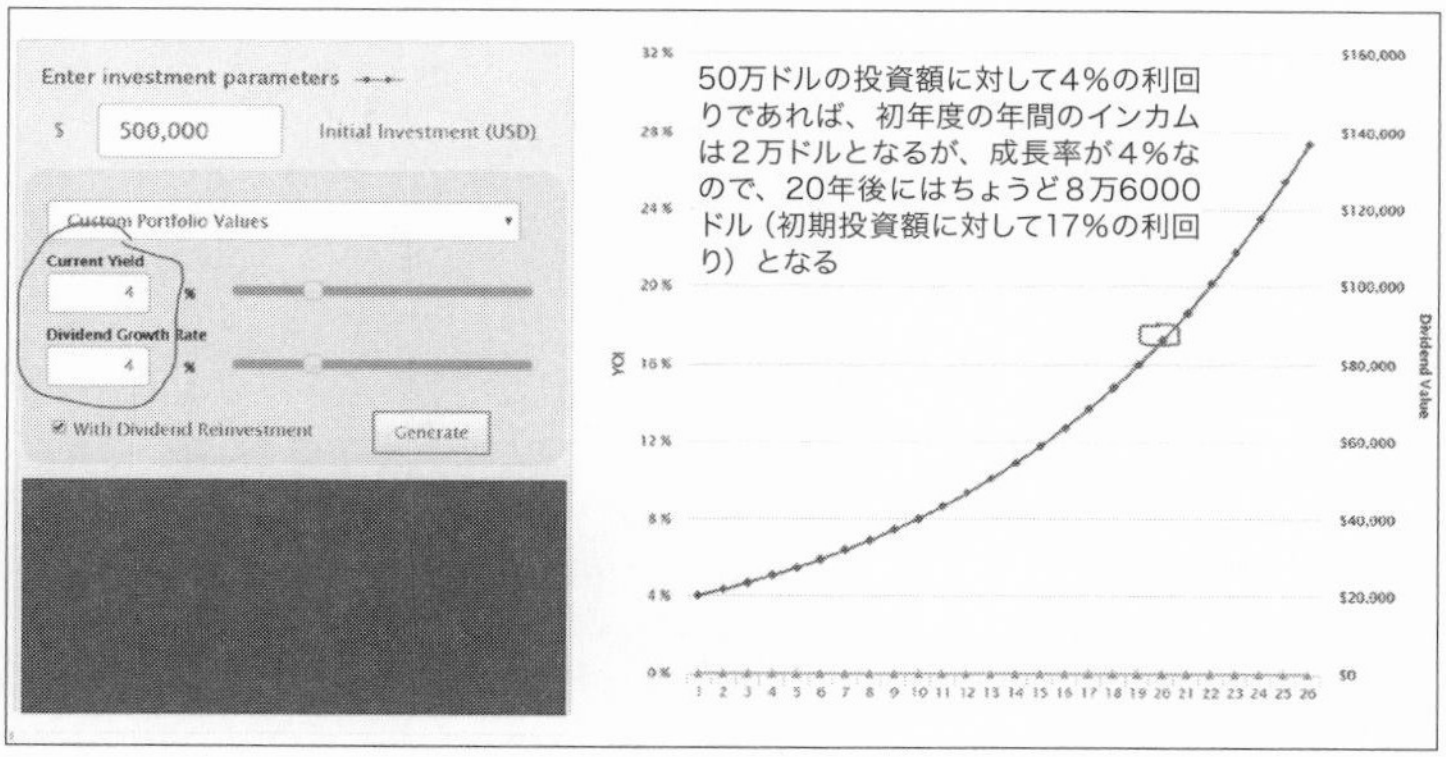
Enter investment parameters
$ 500,000 Initial Investment (USD)
Custom Portfolio Values
Current Yield 4 %
Dividend Growth Rate 4 %
With Dividend Reinvestment
Generate
50万ドルの投資額に対して4％の利回りであれば、初年度の年間のインカムは2万ドルとなるが、成長率が4％なので、20年後にはちょうど8万6000ドル（初期投資額に対して17％の利回り）となる
YOI
Dividend Value

図表10－2

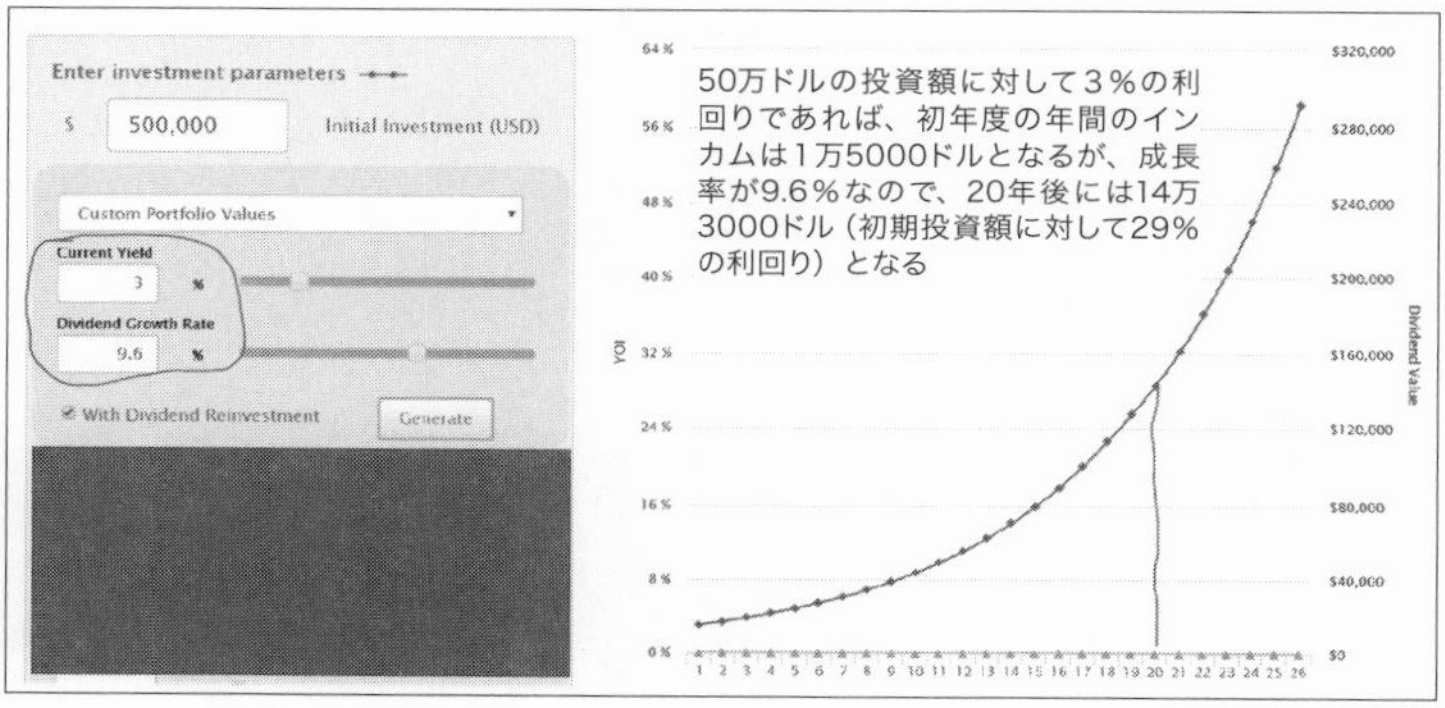
Enter investment parameters
$ 500,000 Initial Investment (USD)
Custom Portfolio Values
Current Yield 3 %
Dividend Growth Rate 9.6 %
With Dividend Reinvestment
Generate
50万ドルの投資額に対して3％の利回りであれば、初年度の年間のインカムは1万5000ドルとなるが、成長率が9.6％なので、20年後には14万3000ドル（初期投資額に対して29％の利回り）となる
YOI
Dividend Value

ましい成長率だ。第9章参照）増大している。インカムを二〇年間再投資すると一四万三〇〇〇ドルとなり、先の例よりも六六％も大きい。これは初期投資額に対して二九％の利回りに等しい。こうしてみると、だれもが当初の利回りが四％ではなく三％の銘柄を選択するであろう。

これはわれわれが「高利回り」を好まないということではない。どうして利回りが高いのか、そこから将来何が得られるのかに目を向けなければならないと言うべきである。直接利回りが高く、株価が正しく理解されていない、または割安に放置されているといった状況は数多く存在する。だが、重要なのは現在の魅力的な利回りではなく、その持続可能性に対する自分たちの信念である。

企業、そしてそのビジネスモデルの質が重要なのだ。企業の財務状況を左右するファンダメンタルズが重要なのだ。その企業のイールドスプレッドと歴史的なイールドスプレッドとの比較が重要なのだ。そして、もちろん企業のフリーキャッシュフローの見通しがとても重要なのだ。言い換えれば、賢明なる配当成長株投資は高い直接利回りに依拠するだけではないということだ。むしろ、企業を取り巻く環境すべてに依拠しているのである。企業の直接利回りが高くなる否定的な理由はたくさんあるが、何を買い、なぜ買うのかと

図表10－3

高品質株
＋
高配当株
＋
利回りの高成長
＝
高いリターンの可能性

いうことを徹底的に考えることでのみ、そのような要因は回避することができるのだ。「高利回りを買う」というだけであれば、良い結果にはならないであろう。一方で、質や持続可能性や価値や機会を追い求めれば、現在の利回りが高い株式でも、極めて魅力的な投資対象となることは十分にあるのだ。

ミラー・ハワード・インベストメンツの友人たちが、そのプロセスを図示したものが**図表10－3**である。

前述のとおり、企業を選択するにはある程度現在の利回りを参考にする必要がある。市場の水準よりも利回りが低い銘柄は検討対象から除外されるが、過去の配当成長の記録が疑わしい銘柄も同様である。

これは、本書で説明した方法論と、二つのまったく異なる「配当戦略」とを区別するものである。

一．伝統的な「配当貴族」には可能なかぎり確実に配当を増大させる銘柄が含まれることがあるが、けた外れに低い利回りしかもたらさない（株価も同様である）。

二．インカムを基準に第9または第10十分位に属する高利回り株を取得しても、われわれが最も大切にしているインカムの増大[37]は手にできない

第一の戦略は目の前のインカム（インカムの大幅な増大の起点になる）がわれわれの気を引くほど十分ではないことが多い。第二の戦略は、われわれがすでに説明したすべての理由から極めて脆弱である。

「配当投資」に対する「わら人形論法」による反論は本書の主題には当てはまらない。なぜなら、本書は魅力的なファンダメンタルズ、株主重視の優秀な経営陣、そして安定的に増大するフリーキャッシュフローを擁する現実の企業に対するボトムアップの投資に関するものだからである。配当成長株投資の正しい方法は、配当を支払うことで将来の成長に必要な資金が枯渇してしまう企業を買うことではなく、配当の支払いが将来の目覚ましい成長を示唆している企業を買うことである。

容易にできることであろうか。容易なことではない。だがこの戦略をやり切ることで、安易な「高利回り」投資がもたらす痛みや悲劇を回避することができる。単に利回りが最も高い銘柄を買い、成り行きに任せるとどのような問題が起こるのであろうか。

まず、「高利回り」銘柄は「利回りがない」となることが非常に多い。事業環境が悪化するなかで持続不可能な配当を支払っている企業（第9章参照）は、あっという間に減配に陥ってしまう。事態がさらに悪化すれば、彼らは配当を取りやめてしまう。債権者から圧力を受けている企業が一般の株主に対する資金還元を続けたがらないとしても驚きはしないであろう。

この特徴については第9章で詳しく記してあるが、ここでもう一度思い出していただこう。高利回り銘柄は偶然そうなっているものがあまりに多い。株価が下落（おそらくは事業環境の悪化が原因）したことで、計算上、「偶然の高利回り銘柄」となっているだけなのである。

次の例を検証してみてほしい。ＡＢＣ社の株価は一〇〇ドルで、株主には一株当たり五ドルの配当を支払っており、これまで長きにわたって利益が増大し、安定した事業を行ってきた。

配当五ドル÷一〇〇ドル＝利回り五％

だが、ＡＢＣ社は困難に直面し始める。彼らは主要な顧客を失ってしまったのだ。市場は彼らのビジネスモデルに疑問を持ち始める。利益は減少を始めている。株価は五〇％下落（五〇ドルまで）したが、同社の取締役会はいまだ配当を削減していない（そうすることで株価がさらに下落することを知りながら）。

配当五ドル÷五〇ドル＝利回り一〇％

以上のシナリオを理解しても、この一〇％という利回りが魅力的に思えるだろうか。もちろん、その可能性も十分ある。市場は同社の問題に過剰反応しており、七五ドルがより合理的な株価かもしれない。彼らは組織再編の計画に取り組んでいるので、配当は守られるであろうが、債務の借り換えが行われ、ビジネスモデルも再構成されるかもしれない。問題は、この例では一〇％の利回りがネガティブな出来事から発生しており、したがって自動的な買いシグナルにはけっしてならないということだ。

だが、常々耳にするのはどのようなことであろうか。

「XYZ社は一〇％支払っている」

「私の友人は不動産に投資して、リスクなしで一二％を稼いでいる」

「四％の利回りもいいけれど、七％支払ってくれるものは何かないかな」

本書で私が配当成長株に哲学的関心を寄せているのは、リワードをリスクから乖離させることを無責任にほのめかすためではない。それでは暗に「高利回り株」を推奨していることになる。そうではなく、われわれは、できるかぎりシクリカルではなく、防衛力を持った製品やサービスを提供する質の高い事業を行っている自由企業の特徴に焦点を当てているのだ。そのような特性はS＆P五〇〇が見事に具現化しているわけだが、つまり魅力的で持続可能な配当はより質の高い企業を指し示し、市場の低迷期におけるダウンサイドプロテクションを提供し、そして貯蓄を行う者に対しても、引き出す者に対しても大きな構造的優位性を生み出すと、われわれは確信している。われわれは、自分たちが見つけたなかで利回りの最も高い銘柄を買うだけでフリーランチのようなものが手に入るなどとは考えていないのだ。

われわれが行う銘柄選択には数多くの段階があるが、そのなかで高利回りに「リーチ」するなどというものは一つも存在しない。次のことを検討してみてほしい。

●現在の利回りがS&P五〇〇のそれを超える企業にユニバースを制限する
●さらに、過去五年間の配当成長がおよそ年五%を超える企業に限定する
●次の点で配当の持続可能性を分析する
　●配当性向
　●バランスシート
　●利益のシクリカリティ
●フリーキャッシュフローの分析
●定性分析
　●その事業を理解しているか
　●その事業が好きか
　●ビジネスモデルは明解か

●経営陣の文化
●配当の傾向
●ガバナンス
●個別要因
●成長の触媒となるのは何か
●正当な評価を受けていないストーリーはあるか

完全に「ボトムアップ」のプロセスであることに気づくであろう。われわれは指数に「沿う」つもりはなく、S&P五〇〇を再現することも、セクターや時価総額といった要件と比較することもない。この投資手法が見いだす銘柄はほかの手法のそれよりも大型株（または適度な規模を持つ中型株）が多くなる傾向にあるが、それはすでに安定した配当を支払い、また配当を増大させている成熟した企業に焦点を当てているからである。だが、配当成長株の哲学は本質的に「ボトムアップ」であり、これまでわれわれが説明してきた投資要件を満たす企業を追い求めることにある。

有配株は「ボンドプロキシー（利回りが低くなった債券の代替）」であり、そのような投資はポートフォリオが金利に影響されるばかりか、株式市場のボラティリティまでがリスクに加わることになるという何とも冴えない主張を耳にすることが多い。これは一種のわら人形論法であるが、陰険にも批判しようとしている点でも誤りである。まず、このような批判をする者たちは公共事業やＲＥＩＴ（不動産投資信託）やテレコムのセクターを念頭に「ボンドプロキシー」と呼んでいるようだが、これらが広範な株式市場よりもボラティリティが低いことは確実である。繰り返しになるが、われわれはボンドプロキシー、つまり単なる債券の代用品を買うために配当成長株投資に目を向けているのではない。「フィクスト」インカムを超越することが肝要なのだ。

そしてこれは、通常の配当成長株投資における「ボトムアップ」の特性に関して極めて重要な点を浮かび上がらせるものである。つまり、セクターに焦点を当てているのではなく、企業に焦点を当てているのだ。

一般消費財セクターよりも医薬品セクターのほうが配当成長株が多いというのは本当だろうか。おそらくそうであろう。「オールドテクノロジー」企業のほうが「ニューテクノロジー」のソーシャルメディア企業よりも安定的に配当を支払う可能性が高いというのは本当だろうか。間違いなくそうであろう。だが、私が指摘しているのは、セクターはあくまで銘柄選択における付随的な存在であり、主たる要素ではないということだ。さらには、それは移動するゴールなのである。今日、有配株として大きな存在を示すハイテク企業の多くが一五年、二〇年前には配当の支払いに大反対していたのだ（シスコ、マイクロソフト、アップル）。「生活必需品が好きだ」とか「原材料は嫌いだ」などという必要はない。それがわれわれの要件を満たす優れた配当成長株なのであれば、それらすべてを好むことになる。要件を満たさないのであれば、すべてを嫌うのだ。ある程度のセクター分散は概してリスクの軽減には有効であるが、配当成長株投資に特化した銘柄選択の主たる要素ではない。

要するに、本書は利益を増大させ、その利益から株主に支払う配当を増大させる企業に対する投資を語るものである。「高利回り」銘柄に関するものではないし、「クーポン」の獲得を提案するものでもない。そして、単に配当を蓄えることだけを語っているのでもない。われわれは、防衛力あるビジネスモデルをもった質の高い企業による安定した配当に焦点を当てている。

高利回り投資は投機家や素人向けのものである。

配当成長株投資は自由企業のエッセンスといえるものである。

結論

金融危機後の配当成長株投資のすすめを総括する

「株式配当とは実体のあるもので、利益予測ではない。それは手に取れる実物である。株式配当こそが投資に対する真のリターンである。それ以外はすべて期待であり、投機である」――リチャード・ラッセル

本書の幕開きに、この新ミレニアムの最初の一〇年がどのように私が本書で説明した投資哲学に至る発見のプロセスのお膳立てとなったかを説明した。過去一〇年について議論することで本書を締めくくりたいと思う。

一九九九年のドットコムバブル、ハイテクバブルの崩壊から二〇〇八年の金融危機に至る時期が投資の原則を変えてしまったとは思わない。金融危機後の投資は二〇〇八年以前または二〇〇九年以前の大勢とは異なるように見えてしかるべきだと考えている。これは、私が提案していることが現在は正しいが、当時は間違っていたからというのではない。当時も正しかったのではあるが、長い間忘れ去られていたり、誤解されていたからである。

当時も今も、われわれが生きる文化は銘柄選択やマーケットタイミングばかりにこだわっているが、それらには陰に陽にウソが付き物である。つまり、市場の「タイミングを計る」ことに成功するには、チャートを適切に読み解いたり、研究をしたり、達人の導きに従ったり、何らかのお茶の葉を読んだりすることで、望んでいた投資成果を上げ、または避けたいと思っているダウンサイドボラティリティを回避できるという具合だ。

人々は現代の技術を用いてこの文化的現象――それをあおる情報や実行する際に用いられる道具を通じて――を増長させている。私は、技術的進歩やイノベーションを懸念する最後の一人である。実際に、私は利益を求めて配当成長株に資金を投じる日々の投資を、継続する歴史上の進化の一部と考えている。だが、過去二〇年にわたり、オンライントレードやツイッターやインターネットのチャットやレバレッジのかかったＥＴＦ（上場投資信託）、その他多くの商品や討論の場や伝達手段など、現代のテクノロジー時代において前向きに利用できる副産物のすべてが、銘柄選択やマーケットタイミングという神話の負の側面における道具となっていることをわれわれは目にしてきた。

前述のマーケットタイミングという愚行の次に来るのが、「流行の戦略」を追いかけるという愚行である。流行のファンドであろうが、ファンドマネジャーであろうが、流行の

「スタイル」であろうが、バックミラー越しにパフォーマンスを追いかけても、平凡で、ありきたりな結果に終わるのだ。昨日有効であったことが明日はまったく有効でないということが多い。われわれは運と実力を混同している。そして、モメンタムとファンダメンタルズとを混同しているのだ。

何にも増して、マーケットタイミングや銘柄選択に夢中になっているのは、理解はできるがはなはだ嘆かわしい文化的価値体系を反映している。つまり、あぶく銭、容易な利益、手っ取り早い儲け、安易な解決法といったものだ。

銘柄選択やマーケットタイミングのワナに陥らない投資に取り組むには幾つかの方法がある。だが、そのどれもが投資家が定義上、回避することのできない真実から逃れることを許さない。

安易なリターンは曖昧なものにすぎない。永続するお金は時間をかけることで蓄えられるのだ。

そして、リスクフリーレートを上回るプレミアムをもたらす安定的なキャッシュフローを生むことは、ある種のリスクにさらされることである。

人間心理という点からは当てはまらないが、目的達成という見地から最も許容できるリスクは市場の変動リスクであると私は考える。「騰落」のボラティリティは心地良いものではないが、分散されたポートフォリオであれば、だれも吹き飛ばされることはない（「吹き飛ばす」とは学術用語ではないかもしれないが、われわれがビジネスにおいて是が非でも回避しなければならないことである）。

債券に伴うインフレリスクは克服できないものとなりかねない。

過度の集中リスクは致命傷となりかねない。

過剰なレバレッジには事態が反転した場合に支払い不能に陥り、壊滅的なものともなりかねないリスクが付随する。

それでも市場のボラティリティによって命を失うことはないし、それによってむしろ強くなれることもある。ポートフォリオの弾力性は、質、分散、そしてそのポートフォリオを保有する者の規律や振る舞いによってもたらされるものである。

だが、市場のボラティリティは引き出し段階にある個人のポートフォリオに構造上の影響を与えるのだろうか。あり得ることだが、第5章で取り上げたように、われわれは「タイミングを誤る」リスクとは急速に値を下げる株式のポートフォリオから持続的に資産を引き出すことだと考えている。適切な余剰資金がその影響の多くを吸収し、またそうすべきだ。だが、マーケットタイミングや銘柄選択の文化の弊害から逃れた投資家が取り組まなければならない大きな「リスク」が市場のボラティリティであるならば、配当成長株投資によって、その「リスク」は引き出しを行う者にとっては完全に許容できるものになると私は考えている。

市場のボラティリティは、グロース志向の蓄財を行う者をイラ立たせることがあるだろうか。いまだポートフォリオに資金を積み増している者（４０１ｋに入っている労働者や定期的に投資資金を積み増している稼ぎ手など）以外にも、四〇歳で相続を受けたが六〇歳になるまでその資金に触れるつもりはないといった「一括払い」の投資家は、たとえ引き出し段階にはないとしても、市場の変動におおいに悩まされるかもしれない。必ずしも株価がより安いときに新たな外部資金をポートフォリオに追加することができるとは限らないが、蓄財を行う者が配当成長株投資によって、配当の再投資による新たな投資を実行することは常に可能である。

金融危機後の金融市場はかなり堅調で、市場は大底を打ったものと思われる。利益が底を打ち、再び増大していることが株式のリターンを堅固なものとしている。低金利によって市場のマルチプルが上昇していることも踏まえれば、リスク資産の投資家が不平を言うべきものはほとんどなかった。ヨーロッパ市場は同程度の回復を示しておらず（これはヨーロッパの政治的枠組みに拠るところが大きい）、また日本も何十年にもわたったデフレスパイラルの最終局面にあった。コモディティは上がったり下がったりで、これは新興国市場も同じである。債券市場は歴史的に株式と高い相関関係にあるが、極めて好調（高利回り債や銀行の債券）であった。リスク資産の強気相場はあちこちで見られたが、そのなかでもアメリカの株式市場がもっとも顕著であった。

強気相場は弱気相場と同様に賢明な思考をゆがめる、つまりうまくいかないときに愚かな行動を取り続けることよりも唯一劣っているのは、うまくいっているときにその行動に留まることである。後者はおかしな振る舞いを助長し、そして愚かな判断の結果に対する防御を脆弱にするのだ。

流行のハイテク株が年に七〇％も上昇しようとしているときに、年に七・五％成長する四％の配当利回りという賢明な投資対象に集中し続けることが難しいことは、私も重々承知している。流行や華やかなものを求めているのであれば、本書は不向きであるし、配当成長株からなるポートフォリオもまったく役に立たないであろう。

だが、おそらくは人気で華やかなものは評判ほどのことはないだろう。一九九九年のドットコム銘柄は二〇〇〇年に崩壊した。念のため記すが、これはハイテクバブルの犠牲となったペッツ・ドットコムだけの話ではない。シスコやマイクロソフトに劣らぬ重要な企業群が、過去二〇年のほとんど、またはすべてを通じてバブル期の株価を超えられずにいたのである。二〇〇六年のフロリダにおけるコンドミニアム転がしはアメリカ経済の腰を折った金融危機の震源地となった。一九九九年のドットコムバブルや二〇〇六年のコンドミニアム転がしを回避する、目的に基づいた投資ソリューションを求めているならば、キャピタルゲインとインカム、蓄財と資本保全、そしてバリューとグロースとが結び付いた配当成長株こそが最良の戦略であると私は考えている。

一九九〇年代、あまりに多くの投資家が強欲や高揚感、そして現実離れした期待に心を奪われていた。これは、投資家たちがあまりに高すぎる、歴史的に見てもあまりに安直なリターンを求めるようになったというだけではない。投資家が金融市場において資本がどのようにリターンを生み出すのかを理解できなかったということである。①利益は重要ではない、②投資家は金融が安定するまで無限に耐えることができる、③思いつきのビジネスモデルでも世界的な競争が行われる市場で成功することができる――こういった考えが改められるには多大な痛みを被らざるを得なかった。イケイケの一九九〇年代を通じて、配当成長株投資は順調であった。もちろん、「順調」というのは「財政的目標を達成するために必要なリターンを上げる」という意味においてである。

二〇〇〇～二〇〇九年の間に、大暴落、大暴騰、そして再び大暴落が起こった。その間、配当成長株投資の防衛的特徴は比較的順調に投資家に資することになったであろうが、正のキャッシュフロー（引き出しを行う者）とより安い株価での再投資（貯蓄者）という攻撃的要素はさらに大きな影響をもたらしたであろう。

過去一〇年間、配当成長株は素晴らしい結果を残した年もあれば、ほかの銘柄群に負けた年もある。それでも、すべてのリスク資産と同様にパフォーマンスは優れたものであった。だが、本書の刊行時における環境は、再びファンダメンタルズが退屈に思えるものとなっている。二ケタのリターンを上げることなど容易で、ホットドット（最近、急成長しているＦＡＮＧなどのドットコム企業）を追いかけることが合理的なように思える。過去三〇年にわたる展開は、人間そのものに根差した欠点を改善する役には立たなかったのだ。

金融危機以前でも、ファンダメンタルズや基本的な原則、規律ある行動は重要であったが、金融危機によってわれわれの心理に教訓として強力に刷り込まれることになったと私は考えたい。配当成長株投資は、ファンダメンタルズや規律、基礎や行動科学的投資を一身に体現するものである。市場のボラティリティは回避できるなどと偽ることはせず、むしろそれを利点に変えようとするものである。フリーキャッシュフローと利益がどこから来るのか、そこから生まれる配当がどうして持続可能で、増大するのかという基本的なビジネスの現実を認識したものである。大衆の狂気ではなく、企業の業績に焦点を当てるものである。「制度の抜け穴を利用」したり、市場のタイミングを計ったり、他人を出し抜くことができるなどと偽りはしない。それはリスクがあることを承知したシステムである、つまり株価のボラティリティは存在するであろうし、特定の流動株を手にする機会を失うであろう。だが、すべての投資目的のまさに核心を突いたものである。つまり、投資家が現金を回収することだ。

興奮状態のバブルや大混乱となった暴落など、過去二〇～三〇年のうちにはファンダメンタルズや基本的な規律から逸脱するための言い訳がたくさん存在した。だが、その間もずっと、配当成長株投資は将来のインカムを蓄積している者にとっても、現在のインカムを株価の下落やインフレによる減価から守ろうとしている者にとっても、奇跡的と思えるような成長を示してきた。

私が配当成長株投資を「タクティカル」または「タイムリー」という理由から提唱する

ことは今後もないであろう。低金利、高金利、低インフレ、高インフレ、弱気相場、強気相場、リスクオン、リスクオフなど、どんな時期においても配当成長株投資は株式市場のイクスポージャーをとるうえで最も賢明な方法だと私は確信している。

そして、二〇〇三年と二〇一三年の税制改革によってその考えは強化された。そして、キャッシュや債券といった金利代替物の市場が長期にわたって精彩を欠いていることが、配当株投資の魅力を高めていることもたしかである。だが、第3章、第4章、第5章で示した基本的な主張は、そのような戦術的な追い風に頼ったものではない。配当の再投資による複利運用という構造的・数学的現実はいかなる市場環境にも当てはまるのだ。常に増大していくキャッシュフローは、どんなときでも引き出しを行う人のニーズを満たすものである。そして、この結論においてあらためて記す必要があることがあるとすれば、次のとおりだ。配当成長株投資の世界において取り上げられる企業に内在するクオリティーは、リスク管理やバランスシートの強さ、そして株主を重視する経営陣に関心を持つ者たちにとっての優れたポートフォリオに適したものである。

マーケットタイミングや銘柄選択への文化的偏向を超越する投資手法はいくつもあると前述した。投資におけるさまざまな規律やシステムには少なくとも共通する点がある、つまり、存在しないものを提供するとは主張しないということだ。私が本書を記したのは、配当成長株が簡潔さ、税務面での効率性、リスク調整済みの結果、そしてメカニズムの最適化といった点において、それらのシステムのうち最も優れたものであると考えているからだ。私は、配当成長株投資がほかのいかなる投資手法よりも優れていると主張したいわけではない。だが、行動面での賢明さや規律が常に適用されるほかの手法よりも優れた長期的結果をもたらす方法論が存在するという考えは擁護したいと思っている。

別な言い方をさせてもらえるなら、われわれの会社では、投資家たちを銘柄選択やマーケットタイミングというカルトから呼び戻し、大幅な行動変容を伴う配当成長株の世界へといざないたいと思っている。われわれが預かっている顧客の資本について意思決定を行っているかぎりにおいて、配当成長株はわれわれの投資戦略において主要な役割を果たし続けるであろう。私が何年も前に得た啓示は今も健在である。つまり、投資家が資本を投下するのは、現金という形で回収したいからである。彼らは、一連のお金の流れを望んでいるのかもしれないし、一度により大きな金額を得ることを求めているのかもしれないが、資金を回収するスケジュールは、資金を投じるタイミングが変わるのと同様に、変化するものであろう。だが、現金の回収こそが究極の目標であり、それゆえ、われわれにはそれをできるかぎり最も効率的な方法で行う受託者責任がある。

われわれの資金については、流動性が高く、経営状態に優れ、税務上効率的で、株主に寄り添い、堅調にフリーキャッシュフローを生み出しながら、投資家に対する配当を増大させている企業を通じてそれを行っているのである。それらの企業の株価が変動することはもちろんだが、今も将来も、増大するインカムが投資家が求める現金というリターンであることは間違いなかろう。

この投資手法はわれわれ、そしてわれわれの顧客たちに何年にもわたって配当をもたらしてきたし、また今後何年にもわたってもたらすことであろう。

投資家は不動産やゴールド（金）を念頭に「自分は何かリアルなものを所有したい」と言いたがるものだ。

私は、自由企業に対する所有権がもたらす配当ほど「リアル」なものはないと考えている。自由企業の奇跡とリターンの複利運用という奇跡の組み合わせは現在の金融危機後の投資環境においては強力である。われわれはその組み合わせをこう呼びたいと思う。「配当成長株の奇跡だ」と。

付録1——国際市場における配当成長株

「世界の新興国市場における投資可能な株式の規模を考えると、信頼に足るだけの魅力をもった株式を見つけるのは干し草の山から針を見つけるくらい大変なことだと気づくであろう。だが、幸運なことに、投資機会を探し求めることは、干し草の山から針を掘り出すことよりははるかに面白い」
——マーク・モビアス

私が本書で説明しようとした投資家の誤りはたくさんあったが、少なくとも負の複利というリスクを回避すること、投機と投資を適切に区別すること、そして蓄財を行う人も引き出しを行う人も、自らの投資のメカニズムを誤解しないことが挙げられる。投資の世界を知ることは、行動ファイナンスの世界を知ることであるが、それは人々が行動面で否応にも犯してしまう金融上の誤りが投資の成否を決める要因となるからだ。

この付録では、今日あまりに多くの投資家が犯している行動上の誤りについて説明し、その誤りを、国際市場における配当成長株投資に関する視点と結びつけたいと思う。

私が取り上げる誤りは一般に「ホームバイアス」と呼ばれるもので、多くの投資家は、身近で、理解可能で、便利だという理由からポートフォリオのすべてのイクスポージャーを国内株に集中させ、それゆえにグローバルに分散されたポートフォリオが持つ分散効果やトータルリターンの可能性を見落としてしまう傾向にある、というものである。

皮肉なことだが、アメリカの投資家がこの誤りを犯すことは大目に見ることもできよう。S&P五〇〇を構成する企業の売り上げの少なくとも四三%は外国で上げたもの[38]なので、アメリカの株式市場には国際市場に対する大きなイクスポージャーが内在している。そして、アメリカの資本市場それ自体が世界で最も洗練され、革新的で、また収益の大きいものである。ドルは世界の基軸通貨である。わが国では法の支配が尊重されている。仮に一カ国にポートフォリオを集中させるとしたら、アメリカ合衆国が最良の選択であろう。

だが、世界のGDP（国内総生産）に占める割合が小さい国の投資家でも同じ疾病を被っているので、ホームバイアスは人間生来の欠点であることが分かる。例えば、スウェーデンの投資家は自らの株式ポートフォリオの一〇〇%をスウェーデン（国内）株に投じているかもしれないが、世界の株式時価総額にスウェーデン（国内）株が占める割合は一%未満にすぎない。これは、スウェーデンの株式市場が比較的堅調であることの副産物ではない。これはただ人間の本性が働いているだけのことである。人々は自分たちの裏庭に投資しているのだ。それは快適であり、安心でき、そして親密さに対する人間のニーズを満たすものなのだ。

だが、それでは異なる地域に投資することで得られる分散効果が失われてしまう。より高い成長を示す市場を分散することから、アメリカ市場内で得られる実質的な国際分散効果に至るまで、国際投資がシステマティックリスクを引き下げるとともに、多くの投資家にとって魅力的なさまざまな機会が存在することが長く知られている。

私は本書全体を通して配当成長株投資を擁護してきたが、「グローバルな成長」に対するイクスポージャーも、アメリカ市場での銘柄分散も、配当成長株に対する私の主張を棄却させるものではない。だが、ここで私が伝えようとしているのは、配当成長株投資は多くの外国市場でも可能であり、グローバルに分散を行い、国際投資によるリスク・リワードの追究が可能になる機会を提供するだけでなく、それ以上に配当成長株それ自体が現在の外国市場の多くでとりわけ時機を得たものであるということだ。

私は投資家としてのキャリアのほとんどにおいて日本の株式市場を無視してきたが、それは同国のマクロ経済環境がかなり不安定であることを（正しくも）知り、企業部門は私

図表A－1　日本の民間経済は二番底を脱した（7年移動平均）

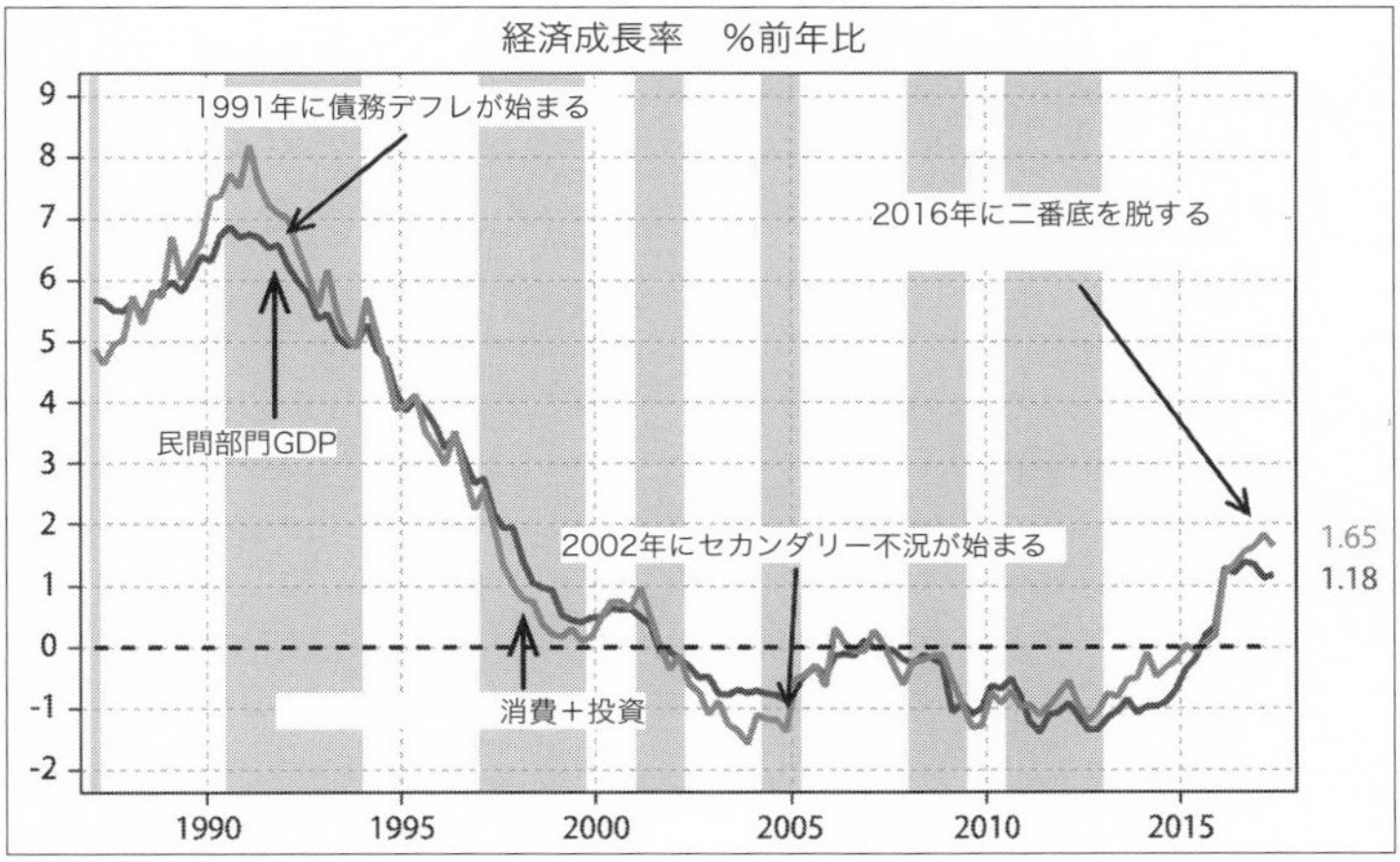

出所＝Gavekal Data/Macrobond

が信頼できるような配当成長の文化を主張できる立場にないと考えたからである。二○一六年、私は日本のマクロ経済の最悪な状況は去ったと考えるようになった（**図表A－1**）。

さらに研究を進めると、日本の株式市場には配当成長株投資の大きな機会（あくまで機会であって、確実ではない）が存在することに気づいた（**図表A－2**）。一つに、日本は企業が配当として払い出す利益の割合が世界のどの国々よりも小さいことに気づいたのだ。[39]

私にはかなり魅力的な機会があるように思われた。何十年にもわたるデフレを抜け出し、高齢化する社会において投資収益の

図表A－2　配当性向（S&P500、Stoxx600、日経225の比較）

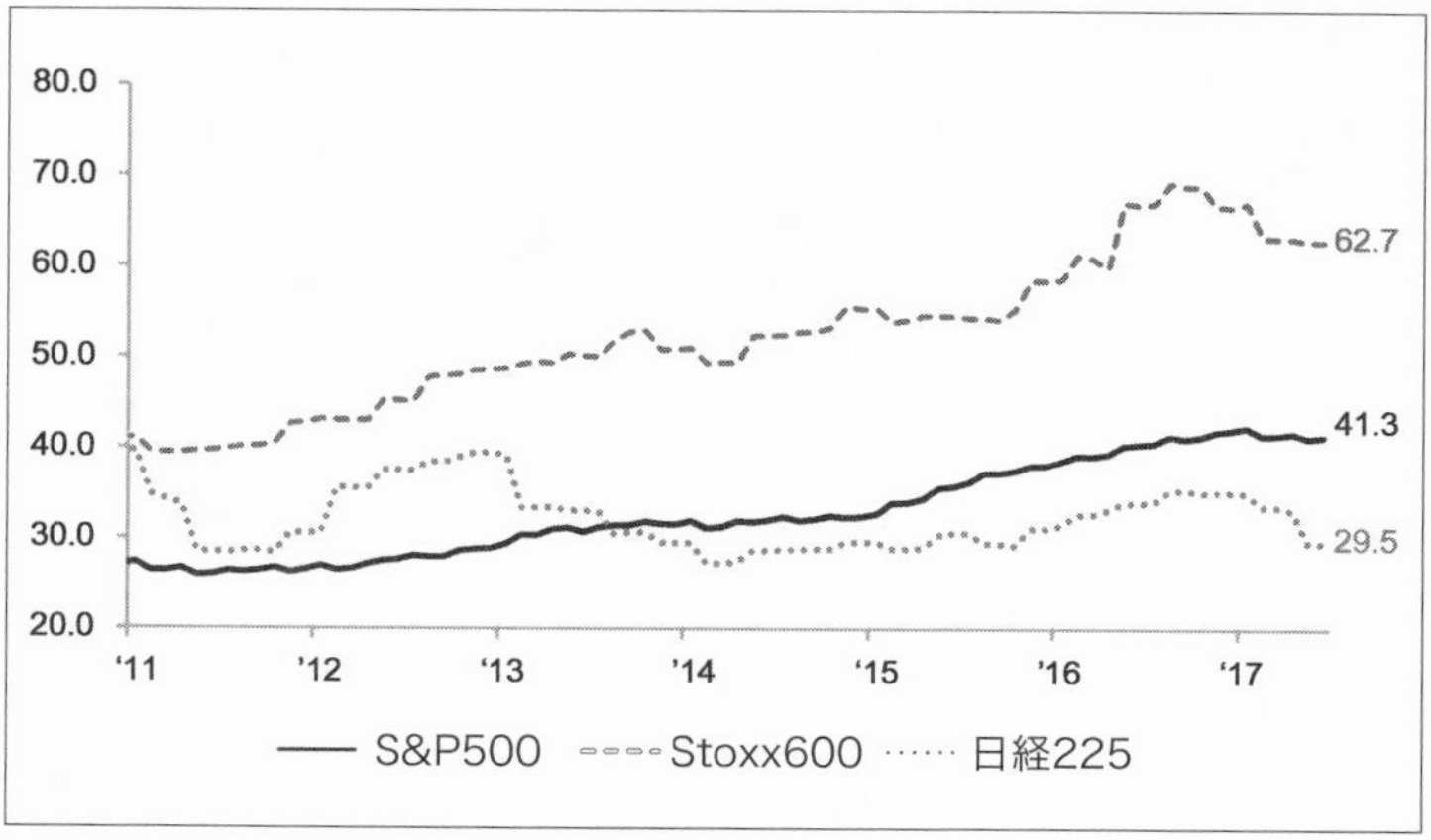

必要性が高く、現在は利益からの配当性向が並外れて低く、そして上場公開企業のバランスシートには五兆円もの日本円（現金）が計上されている（近い将来の資本支出は自己資金で安定的にまかなうことができ、それゆえ配当原資をそれらの支出に回す必要性が低くなっているということだ）のだ。

日本に無リスクで投資をすることはできない。日本銀行は、グリーンスパンやバーナンキやイェレンがアイン・ランドに思えるほどに介入主義的であった。日本の人口動態には大きな問題があり、社会全般が求める生産性に見合うだけの若者や労働者が不足している。多額の負債を抱え、ほかのダイナミックな国々が示すような内生的な

ＧＤＰの成長を欠いているのだ。

だが、それらすべてはトップダウンの懸念であり、向こう一〇年にわたる日本の非常に魅力的なインベストメントプロポジションを否定するものではない。つまり、底を打った企業部門は内生的な配当の増大を必要としているが、それを生み出すためのＲＯＥ（自己資本利益率）、バランスシート、そして利益成長は手にしているのだ。

現在、日本の利益は年六・五％増大し、配当は数年間で年九・五％増大してきた。これらの成長率にもかかわらず、日本の投資家が手にしている現在の日本の株価指数の利回りはほんの二・五％ほどで、Ｓ＆Ｐ五〇〇よりも高くはあるが、状況が劇的に変化すれば、配当利回りが上昇することは確実である。

配当成長の機会をもたらす可能性のある日本の株式市場が、本書が説明する配当成長株の哲学と、国際投資の分散および収益効果とを結びつける一助になるとするのは、まったくもって合理的だと私は考えている。

だが、日本における配当成長の可能性が興味深いものであるならば、新興国市場における配当成長株の投資機会は紛れもなく魅力的なものである。興味深いことに、それは新興国市場の広範な指数が優れた配当株を代表しているからではなく、活発な経営陣が配当成

図表A－3　新興国と先進国の有配株の割合%

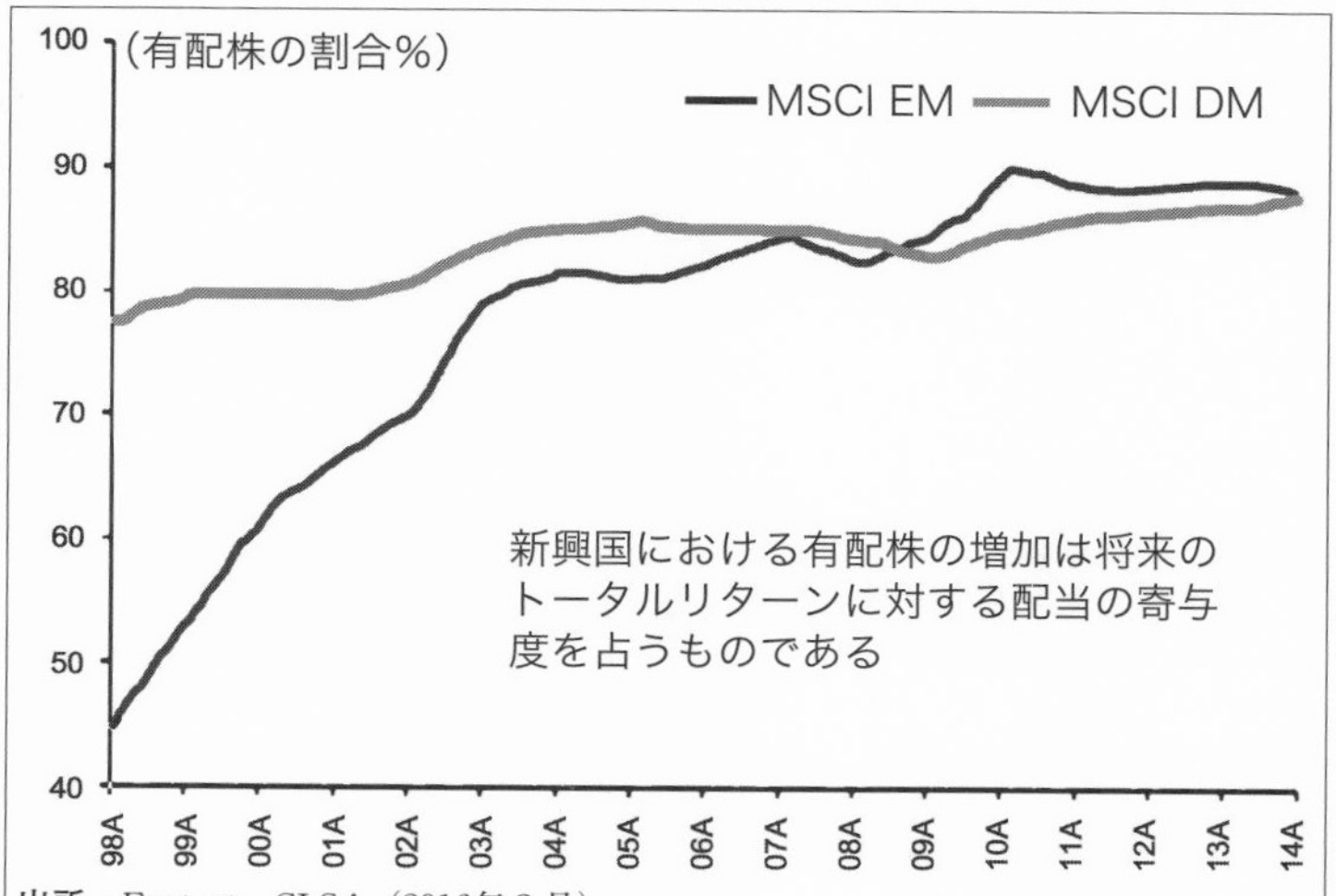

出所＝Factset、CLSA（2016年3月）

長に焦点を当てているとわれわれが考えているからである（**図表A－3**）。

利回り全体は別として、配当の成長率だけを考えても、新興国市場の株式ユニバースで有配株がわずかに増えることだけでも注目に値する。プロ投資家としての私のキャリアにおいても、株主志向またはガバナンスに対して新興国の資本市場が成熟してきたことを反映して、そのユニバースの規模は二倍になっている。

だが、二〇年にわたり配当が目覚ましい増大を示してきたあとでも、新興国の株式の配当性向はアメリカやヨーロッパの多くの国々の配当よりも低い

図表Ａ－４　アメリカ、ヨーロッパおよび新興国の配当性向

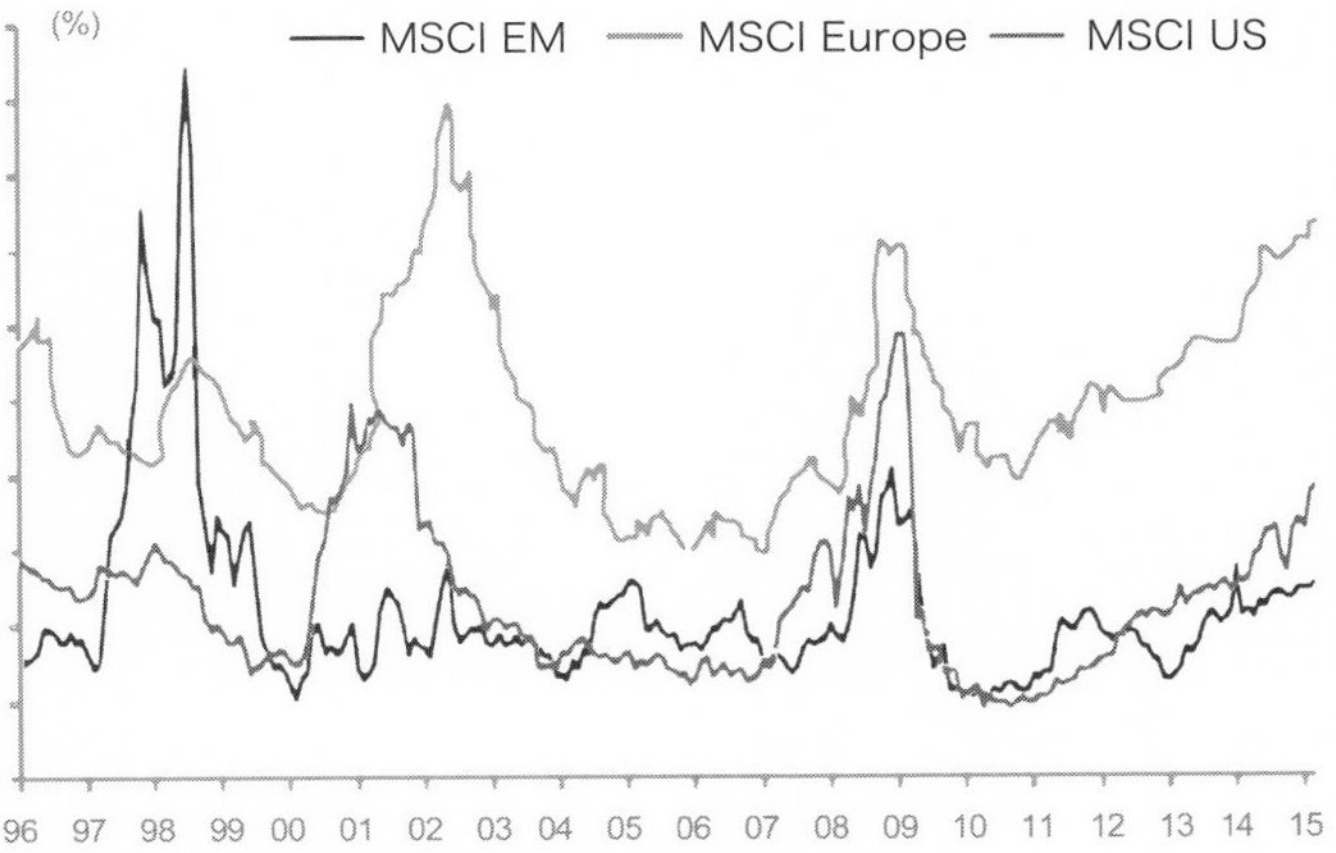

出所＝Factset、CLSA Microstrategy（2016年３月）

ままであるが、日本よりは高い（図表Ａ－４）。

現在の配当性向は三五％で、利益成長が年七％超であるが、年間の配当成長が利益成長に追いつくとすれば、向こう数年間で配当は大幅に増加することが容易に理解できよう。

実際問題として、新興国市場はグロースと魅力的なバリューの珍しい組み合わせを示している。利益成長はほとんどの先進国よりもはるかに高く、バリュエーションははるかに低い。それには次のような理由がある。新興国市場への投資には通貨リスク、地政学リスク、時にはさまざまな度合いの流動性リスクが存在し、

図表Ａ－５　世界の株式バリュエーション

・絶対額でみれば、アメリカが世界の他の国々よりも高いバリュエーションプレミアムを要求（そして保持）していることは明白である

出所＝スタンダード・アンド・プアーズ、MSCI、トムソン・ロイター

われわれが持つ「ホームバイアス」を被る典型例なのだ（**図表Ａ－５、図表Ａ－６、図表Ａ－７**）。だが、リスクを適切に咀嚼している投資家にとっては大きな魅力があることを指標が示しているのだ。

さて、ここでの投資テーマはアメリカ市場におけるそれほど簡単ではない。アメリカでしばし目にするような配当を支払ってきた記録を企業は有していない。それはただアメリカほど長い社歴がない、または長きにわたって利益を上げていないなどといった理由からである。だが、新興国市場の企業は成熟し、配当を支払うようになってきているので、これも変わりつつある（**図表Ａ－８**）。

図表A－6　世界の利益成長率

- だが、基本的なバリュエーションの名目値だけでなく、実際の本業の成長を勘案すると、新興国市場は相対的にも絶対的にも大幅に割安である。

出所＝スタンダード・アンド・プアーズ、MSCI、トムソン・ロイター

図表A－7　世界の利益とバリュエーション

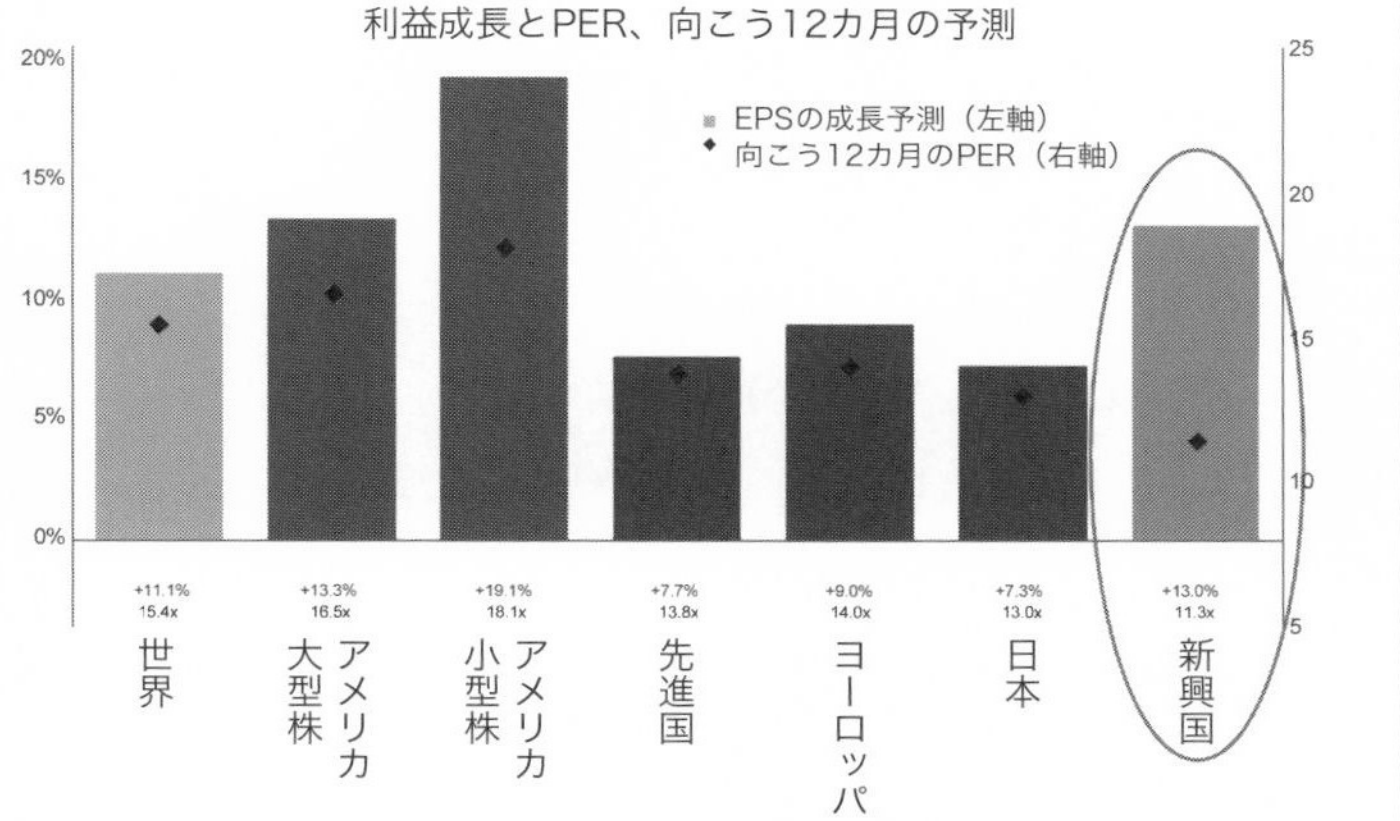

・新興国市場に対する否定的なセンチメントは利益に関するファンダメンタルズからはかなりかけ離れたものである

出所＝スタンダード・アンド・プアーズ、MSCI、トムソン・ロイター

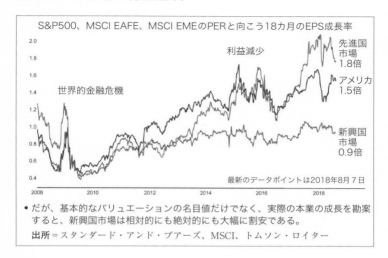

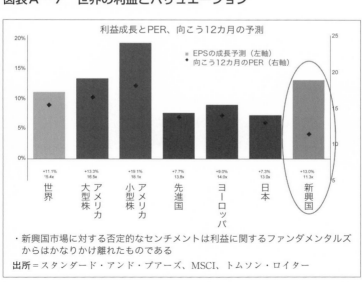

図表Ａ－８　配当利回りが３％を超える銘柄の割合

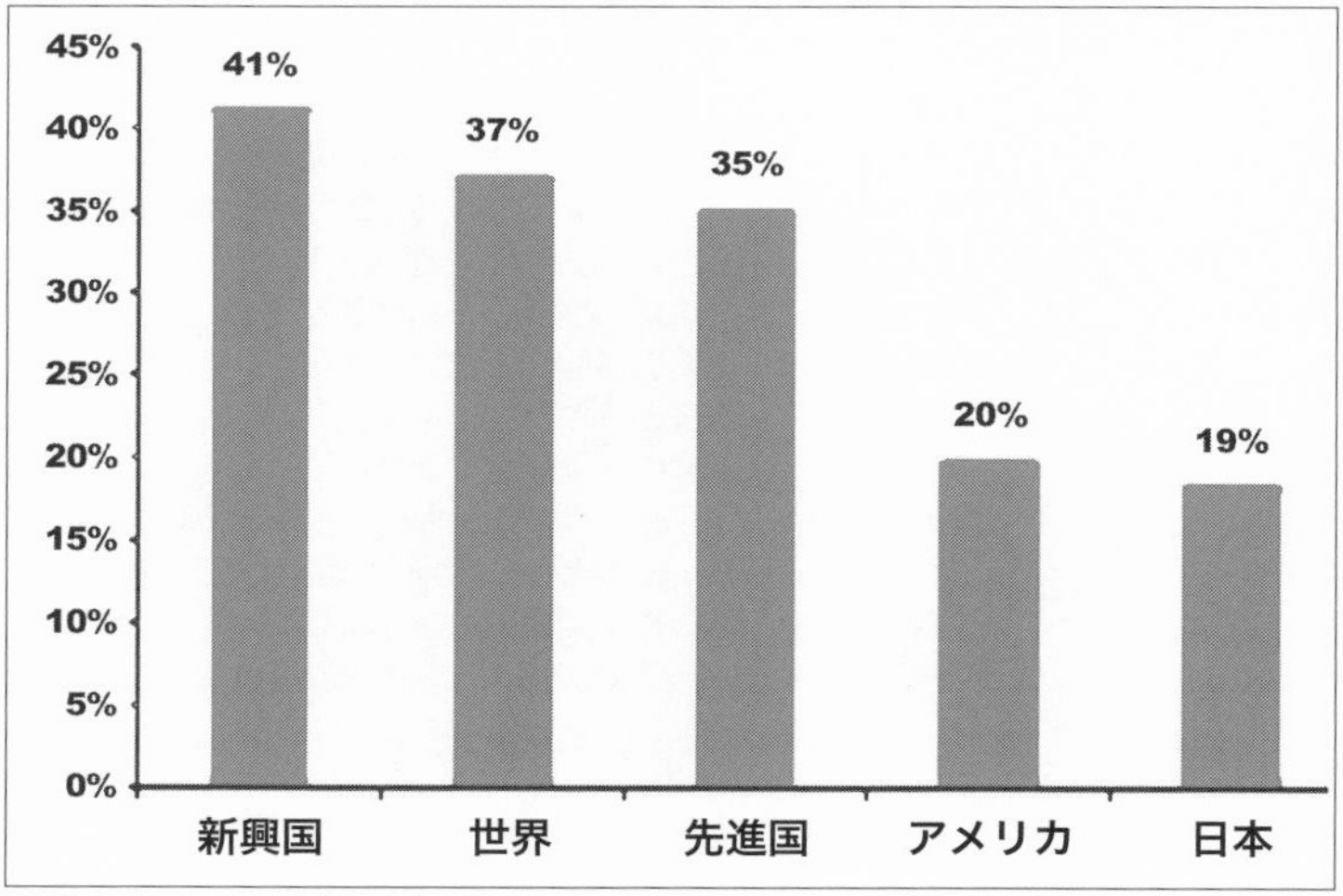

出所＝CLSA（2016年３月）

グロース投資で過大な価格を支払う必要のないことを考えると、われわれは新興国市場はバリュー志向の投資家が追求するにはより多くのチャンスがあると考えざるを得ない。アメリカの「グロース」企業は劇的なまでに高いバリュエーションが与えられるだけでなく、無配であることも非常に多い。新興国市場は本質的に投資対象となり得る人口動態上の優位性やグロースの特性を持ち合わせているが、マルチプルはバリュー好みで、個別で見ると株主に報いる手段として配当成長に焦点を当てているケースが多い[40]（図表Ａ－９）。

図表A－9

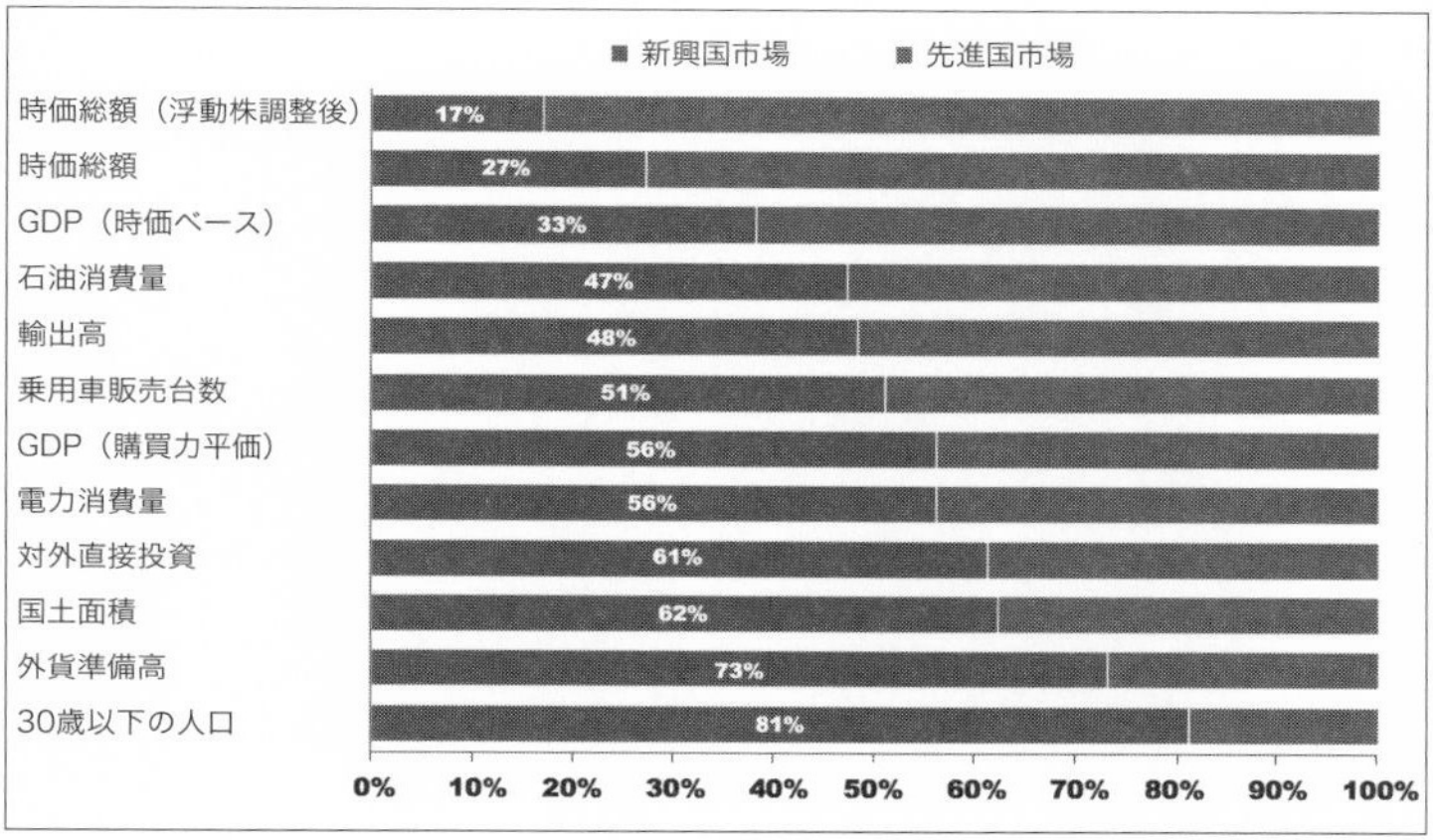

この投資テーマを有効にするためにはさらに細かい点に気を配る必要がある。多くの企業がまったく配当を支払わず、また指数の構成方法がアメリカ市場への輸出を事業の軸とする極めて大きな時価総額を持つ企業に偏っている新興国の総合指数を買えと言っているのではない。新興国市場全般、そして新興国市場のなかで配当成長株に焦点を当てるには、それらのファンダメンタルズや哲学的目標の評価を行うアクティブ運用の手法が最も有効である。

日本であろうが、新興国市場であろうが、外国投資にはリスクが存在する。アメリカ株のポートフォリオと同様に市場にはボラティリティが存在するし、実際に外国市場のほうがアメリカ市場よりもボラティリティが高くなることがある。この付録で説明している投資機会は、ホームバイアスによって投資家は一定の分散効果や成長のチャンスを見落としているとの考えに基づくものであるが、日本ではそのための長期的かつ基本的な要素がそろっており、またとりわけ新興国市場は株式投資家に配当成長株投資の機会を提供するように思われる。

世界的分散によってより包括的なポートフォリオができ、また本書の文脈に沿えば、配当成長株が見つかる「ユニバース」が増えることになる。

世界中の投資家が現在、または将来利用できる、一括または定期的に引き出される現金を求めている。幸運なことに、世界中の投資家は配当によるインカムを追い求めることを可能にする投資対象を世界中から見いだすことができるだろう。

付録2――受託者責任の基準からみた配当成長株

「持続可能性は事業の長期的な成功において重要な要素である。それゆえ、慎重な資金運用に関するほかのあらゆる問題と同様に、持続可能性を検討することは受託者責任をまっとうするうえで重要なばかりでなく、義務ですらある。事業や投資の文脈が変化を続けているなかで、持続可能性を考慮した資本分配の枠組みを持つことが、成功裏にその変化を生き抜くためには重要であろう」
――デビッド・ブラッド（ジェネレーション・インベストメント・マネジメント）

「受託者責任の基準」という言葉は過去数年のうちにおおいに広がりをみせたが、だれもが知っているわけではない。この言葉が一般投資家の間でさえ十分に知られていない理由の一つは、多くの投資家が「自分のアドバイザーは私の利害を最大化するよう行動することが求められている」と無条件に前提していることにある。この前提はたいてい誤りであるが、それとともに自分のアドバイザーは助言者にすぎないと考えてもいるようである。

金融業界において、いわゆる受託者責任に関する議論ほど政治的に盛り上がる問題はほとんどない。基本的にこの問題は金融サービスに従事する者が負う「義務」にまつわるものである。「アドバイザー」（一九四〇年投資顧問法が規定）として登録した者は、助言を受ける顧客に対して最大限の配慮を求める受託者責任に縛られることになる。これは、顧客に対する責任を明確にするものであり、そのような基準（透明性、情報開示、利益相反の最小化など）に沿った執行責任が付随することになる。

だが、本質的には顧客との関係について語るものである。つまり、アドバイザーはいかなる場合も顧客の利益を最大化するよう行動し、顧客の要請を自らの必要性に優先させるというものだ。受託者責任というコンセプトには重大な法的意味があり、合法性、規制当局の責任、そしてテクニカルな意味においても重要な言葉である。だが、極めて倫理的な言葉だと言うことも可能で、高い道徳性と従者の義務という意味も持ち合わせている。

受託者はアベリマ・フィデス、つまり信義誠実という言葉のもとにその義務を負っている。包括的で、劇的で、最上級で、かつ義務感の強い言葉であるが、受託者によるサービスを受けている者はそのすべてを期待しているのだ。

一九四〇年投資顧問法が義務を定義し、また常識からしても金融アドバイザーは自らの顧客の受託者として働くべきであるならば、何が議論の対象となるのであろうか。基本的に、自らは「アドバイザー」であるとする者の大半が、受託者としての基準をまったく満たしていない。それより良い場合でさえ、受託者としての行動基準からかなり低水準の注意義務へと気ままに行ったり来たりし、まるでブロードウエーの俳優かのように役割を変える者が多いのである。

これは、証券業に従事する人々を批判しているのではない。顧客にだれが何をしているかを的確に伝える正確な用語法を欠いた業界全体に対するコメントである。どこか非現実的ではあるが、大変に重要なことであり、本書の主題にも直接かかわってくることである。

証券の外務員資格を取得することで、「金融アドバイザー」として行動することができるし、素晴らしいアドバイザーである可能性も十分にある。だが、彼らは顧客の利益を最優先に行動することを法的に求められていない。彼らが求められているのは「適切な推奨」を行うことであり、適切な推奨は不適切な推奨より良さそうではある。だが、ほとんどの人々が、法的要件や注意義務が緩やかな者たちに、金融面での指導や健全性の管理を委ねたいとは思わないであろう。

ウォール街の証券会社が持つ垂直的な収益モデルは、信任行為基準や利益相反を最小化するモデルとは相いれない。投資家の注文を聞いてくれるファンドマネジャーから手数料を受け取ることは会社にとっては素晴らしい事業判断のように聞こえるが、企業と顧客との利益が必ずしも一致するわけではない。トレードデスクに始まり、ファンドマネジャーとの販売契約、独自の商品組成、連発される貸付商品、新規発行の引受手数料、自社製品の内部手数料に至るまで、今日の金融業界のモデルは利益相反に満ちあふれている。そして、この何かと問題のあるモデルから生み出されるアドバイスをだれが管理するのだろうか。企業に対する高度な忠誠心を求められ、その企業から報酬を得ている従業員が商品を販売することで収益を生み出しているのだ。

お分かりであろう。

だから私は「自分の本の話をしている」のだろうか。ファンドマネジャーとして挫折を味わい、また巨大な証券会社の一社でウェルス・アドバイザーとしてマネジングディレクターにまで上り詰め、現在は受託者責任を負う独立のアドバイザーである私は利益相反も独自の利害も抱えていないのだろうか。

そのとおりだ。何も隠し立てせず告白しよう。私は受託者として顧客のために仕事をする義務を負っているのだ。私の会社では、すべてのアドバイザーが自分たちの報酬や重要な情報を顧客に隠し立てすることはない。われわれは日々顧客にとって最良であることに忠実でなければならない。われわれの最高の忠誠心は顧客に向けられたもので、自分たちを雇っている企業に向けられるものではない。われわれは第三者のために商品を売ることで収益を得ることはできない。われわれは提供したアドバイスやサービスに対して顧客から報酬を得ているのである。有罪確定だ。私は信任行為基準を唱えているわけだが、図らずもそれを満たしていない。だが、利益相反とはかけ離れたものであり、これこそが連携の定義である。

私や私とともに働く者たちは、自分たちの顧客にとって最良だと心から信じていることを語らなければならない、さもなければ意見を述べることはできないし、また推奨してはならないのだ。費用が高い投資信託の「販売したら忘れてしまえ」というモデルはある特定の投資家にとっては「適切」かもしれないが、そのようなポートフォリオを構築し、実際に投資し、そして監視していくことはだれにとっても「最善の利害」に適っている可能性は非常に低い。企業が繰り返し行う「新商品の推奨」は、たとえそれが「適合性」検査をクリアしていたとしても、だれかの最良の利害にかなうものではない。販売されたあとには監視されることのない、隠れた手数料のかかる商品をポートフォリオに組み込んでも、投資家に最良の結果をもたらすことはない。適切なサービスを受けている投資家は、明解な方法論、防衛力ある戦略を手にし、そして最適なリスク・リワードを知的に追い求めることができるのだ。金融商品（「アドバイザー」氏にぞっとするほど大きく、隠れた手数料を支払うことになる商品）を売るための薄っぺらなファイナンシャルプランは誠実な計画ではない。それは悪だくみであり、策略なのだ。

そして、今日なお金融サービス業界にはこの手の非難が数多く寄せられている。

配当成長株の世界は「商品」ではなく、またそうなることはあり得ない。それはセールスでも、取引でもない。根本的にそれは思想体系である。世界観であり、プロセスである。思慮深さが求められるが、同時に実践も求められる。それはポートフォリオの取り組み方であるが、ポートフォリオの輪郭を形づくる計画に従うことでもある。知的かつ包括的な計画がなければ、配当成長株は支離滅裂なものとなる。それは、キャッシュフローの必要性、課税問題、補助的なアセットクラス、流動性、余剰金、リスク回避、寛大な目的、自社株、退職金積み立て制度、不動産、時間軸、期待される相続、介護の必要性、養育の必要性、リスク管理、危機管理、その他自らの人生における財政的側面に関するあらゆる事柄という文脈から理解されるべきものなのだ。

配当成長株は、財政的目標を成功裏に達成する一助となる道具に対する考え方である。計画なく用いることはできないが、さもなければ失敗に終わるであろう。

自らの顧客の要求に対して最大限の誠意を持った本物の受託者として働くことのない者が往々にして示す不適切な計画、それこそが多くの財政的目標が達成されない原因である。私が説明してきた総体的・包括的なランドスケープを得るためには、結果に関心を払う、適切な利害、適切な動機、そして道徳上の義務感を持った人物に意識を向ける必要がある。

勤勉で責任感があり、受託者意識の強いアドバイザーが投資哲学の観点から本書の中心信条と意見を異にするかもしれない理由は数多くある。私は、実際に本書の信条に同意しながらも、それを相対的なプロセスとしてではなく、ファンドを売るための手段ととらえている者よりも、そのような人物のほうがむしろ資金を預けるに相応しいと考えている。私は心底そう考えているのだ。人々の財政的健全性を脅かすリスクに序列をつけるならば、投資家の仕事を導くアドバイザーの几帳面さは、特定の投資哲学よりもはるかに重要なのである。

配当成長株は、金融資本を構築し守るための配慮の行き届いた投資家に優しい方法だと確信している。方法論、メンタリティー、そして行動としての配当成長株投資を擁護しないとすれば、私は金融サービス業界の信任行為基準を求めることであろう。もちろん、二元論的な決断を下すべきことではないし、必ずしもドラマチックなことでもない。どちらも手にすることができるし、私はそれが最良だと思う。それこそ私のビジネスの基礎としてきたものである。つまり、顧客の富の蓄積、分配、そして保全の舞台を管理せんとする受託者責任である。

そして、そう考えれば、われわれがこれほど配当成長株に熱を上げている理由が分かるであろう。

信義誠実、最大限の誠意、これに尽きるのだ。

謝辞

本書、前作（『クライシス・オブ・レスポンシビリティ（Crisis of Responsibility）』）、私のキャリアのすべて、そして社会人として取り組んできたことのすべては、私の妻であり親友であるジョリーンの愛情とサポートなくしては成し得なかったものだ。彼女はわが人生の祝福であり、私の人生の使命に対する彼女の支えは、私にとって最高の資産である。ジョリーンと私は、ミッチェル、サディ、グラハムという三人の素晴らしい授かりものをした。彼らが複利の奇跡を奉じ、投機的なことではなく、リアルなものを求めて投資すること、そして何よりも彼らが成長し、人生と自分たちを取り巻く世界を理解していくなかで、真実、美、そして善の配当を手にせんことを願っている。

仕事の面で謝意を申し上げるべき方々はほかにもいるが、ミラー・ハワード・インベストメンツが配当成長株投資に対する目を開かせてくれなかったら、本書が生まれることはなかったであろう。同社の創業者でありＣＩＯ（最高投資責任者）であるローウェル・ミラーの導きのおかげで、私は配当成長株投資を奉じるようになり、また哲学的土台ができたことで一〇年以上にわたり顧客に仕えることができたし、今後数十年にわたって彼らの役に立っていくことができるであろう。ルーク・テウーウズ、君は真のプロフェッショナルだ。

カリフォルニア州ニューポート・ビーチとニューヨーク市に拠点を持ち、配当成長株投資を実践しているザ・バーンセン・グループという資産運用会社がある。私の名前を冠してはいるが、チームの日々の努力のおかげで成り立っている。ブライアン・スジテル、キンバリー・デービス、ドン・シャウリッチ、ロバート・グラハム、トレバー・カミングス、ショーン・ラティマー、デイヤ・ペルナス、ケニー・モリーナ、ブライアン・トン、グレン・ホール、ジャッキー・オヘア、カミーユ・メシテ、アレクシス・オルガード、エリッカ・ムリーリョ、ライナ・オースティン、ケルシー・トンプソン、そしてブレンダン・サリバン。彼らはみんな真のプロフェッショナルであり、受託者であり、そして友人である。

感謝している顧客の名前を挙げていけば、ページ数は二倍にもなってしまうだろうが、われわれを選んでくれた顧客たちには手にする配当、そしてそれ以上の価値があるのだ。彼らの信念と自信がわれわれの事業の核である。彼らがわれわれを信頼してくれればこそ、われわれは信頼に足る者たり得るのだ。

次に挙げる方々（順不同）にも深く感謝している。マーク・コリリアーノとキャロライン・コリリアーノ、メルブ・シムコウィッツとシャロン・シムコウィッツ、アンドレア・シェリー、トレーシー・プライス、スチュアート・ナカガワとナオミ・ナカガワ、エド・ブロックとロリ・ブロック、パトリシア・スペード、キャッシー・ブロンステイン、ジュリアナ・ピョット、ジョセリン・サイモン、ピート・グランデとウェンディ・グランデ、ロイド・テイラーとダナ・テイラー、エド・グラッソとアンジェラ・グラッソ、マット・スミスとカット・スミス、ジョン・クルーガーとアレシア・クルーガー、ジャン・ムアアード、ピーター・バークとカレン・バーク、リック・ワーラー、キャシー・ホームズ、マリオン・スミス、マーク・ジョンソン、アンディ・シーズとレズリー・シーズ、ジム・モリソンとドナ・モリソン、マイク・キャンベル、ゲーリー・ロシュとローラ・ロシュ、ティム・ブッシュとスティーブン・ブッシュ、ジョー・コリリアーノ、トム・グラント、ボブ・レェーヴェン、ラリー・シルバーバーグとナンシー・シルバーバーグ、トニー・ディジョバンニ、ボブ・ローパーとボビ・ローパー、クリス・ムーディとロッティ・ムーディ、シャーロット・エバンス、トム・バトラーとルーシー・バトラー、スティーブ・フォイゲルマン、クラード・セントナー、ロブ・トールとエイドリアン・フランソワ、ジョー・ギルマンとテリー・ギルマン、デニス・アンブローズとパッティ・アンブローズ、キャロライン・ホークス、ミッシェル・ウィーナーとエイドリアン・ウィーナー、カール・フリードリッヒとボニー・フリードリッヒなど。

ニック・マレーにも感謝申し上げる。彼のニュースレターや指導、また何年にもわたる会話や手紙のやり取りが私のキャリアに無限の可能性を与えたROI（投資利益率）を生み出したのだ。

ラリー・クドローにも感謝申し上げる。彼は配当株投資と資金引き出しの体現者であり、私にとって友人であると同時に英雄である。

友情を育み、教訓を学び、そしてさまざまな経験を満喫したUBSとモルガン・スタンレーでの時間にも感謝したい。

ロブ・フォレスター、ケリー・フリース、クリス・コリー、マイケル・ゴク、ロブ・ビッティンガー、リズ・カッセル、キャサリン・ホース、ロブ・キャノン、そしてジョン・ドノバンにも、その協力、友情そして支援に感謝したい。

信任行為基準を実践し、一流のアドバイザーたちを擁するハイタワーにも感謝申し上げる。

ザ・バーンセン・グループで長年にわたりさまざまな形で仕えてくれたアンディ・ジョンソン、アニー・スクラントン、メーガン・パワーズ、フレッド・ウィタカー、マイケル・クラリン、スティーブ・カード、ミナ・ウィトマー、ピーター・バン・ブアヒスをはじめとする多くの方々。われわれは本当に感謝している。

本書の印税を受け取ってくれたザ・キングス大学には、文化に光を当て、またニューヨークの下町に多くの配当をもたらしてくれることに感謝申し上げる。世界で最も偉大な都市にはザ・キングス大学のような場所が必要なのだ。われわれにはなすべきことがたくさんあるし、それが配当をもたらすことであろう。

ナショナル・レビューとパシフィカ・クリスチャン・ハイスクールは私がいまだ情熱を燃やす二つの社会活動である。一つは歴史を伝える砦となり、もう一つは子供たちに考え方や生き方を教えている。これは私が投資できる分業である。

ニューヨーク市にあるチャーチ・オブ・ザ・シティのジョン・タイソン牧師にも感謝する。彼は愛の真理を説き、道徳的勇気と知的冒険というコンセプトを奉じている。

私の友人であり支持者であり続けてくれる代理人のＤ・Ｊ・スネルには、私の代理として活動してくれることに感謝している。

また、本書を出版してくれたポスト・ヒル・プレス、とりわけ同社ＣＥＯ（最高経営責任者）であるアンソニー・ジッカルディに感謝している。アンソニーは出版の世界では変わり種である。つまり、愛情深く、コミュニケーションに長け、本当に「頼り」になる、真のプロフェッショナルである。

変わらぬ友情を育ませていただいている友人たちに感謝申し上げる。アーロン・ブラッドフォード、エリック・バルマー、ルイス・ガルシア、トーマス・ボンズ、ゲーリー・サリー、ジム・ネルソン、ポール・マーフィ、アンドリュー・サンドリン、ブライアン・マットソン、ジェフ・ベントレラ、スコット・アルブレヒト、ブライン・ハーリントン、ジャック・フォウラーなど枚挙に暇はない。

家族にも感謝申し上げる。ジョナサン・バーンセンとジュリー・バーンセン、アニカとレイラ、マシューとケイティ。叔父のブラッド・バーンセン（軽い二日酔いも配当だと言えよう）と叔母のビッキー・バーンセン、コリン・ロバートソンとモニカ・ロバートソン、テート、オーデン、ルーシー、マイク・ドッグ、トッド・ホワイトとジョクリーン・ホワイト、アレクシス、ジャック、オリビア、アバ。

いとこのモニカについては、素晴らしい編集を行ってくれたこと、そして笑わせてくれたことに感謝している。ずっと君を愛している。

本書を捧げたダリン・デニーに改めて感謝申し上げる。株式市場を愛する私の人生に彼がもたらしてくれたことに対する感謝は計り知れないものがある。「ドットコム時代」のすべての投資家がＰＡＳＡを追いかけるのではなく、増大する配当を積み上げていたとしたら、どれほど素晴らしい結果になったかは分からない。だが、旅程は目的地よりも重要なのだ。

そして、私を穴から、泥沼から引き上げてくださった神に感謝致します。主は私の扱う対象を投機的で傲慢な成長株から配当を支払える大型株へと変えてくださった。主がそうしてくれたのは私を愛してくださっているからだと信じる。

35. This illustration makes no statement about the price performance of this dividend equity portfolio. It is only demonstrating the yearover-year growth of the actual dividend income.
36. "Income Yield on Original Investment Calculator," Miller/Howard Investments, https://tools.mhinvest.com/mhichart
37. A reference to the top 10% and top 20% of yield level offered in the S&P 500. The caveat, of course, is that the yield is defined as *last dividend payment divided by current stock price.*
38. Howard Silverblatt, "2017 Year in Review," Standard & Poor's, August 2018.
39. Investment Strategy, Strategies Research, August 2017.
40. Ajay Kapur, Bank of America Merrill Lynch, Global Research Office, June 13, 2016.

16. Lawrence C. Strauss and Evie Liu, "How Dividends Power Returns," *Barron's*, Dow Jones & Company, August 15, 2018, https://www.barrons.com/articles/how-dividends-power-returns-1534367649
17. Figure 2, "The Power of Dividends: Past, Present, and Future," Insights: Hartford Funds (September 2018), https://www.hartfordfunds.com/insights/featured-perspectives/ThePowerofDividends2.html
18. "U.S. Quality Dividend Fund Growth," WisdomTree, p. 2, 2017, https://www.wisdomtree.com/etfs/equity/dgrw
19. Figure 1 (original data source: Morningstar, 1/18), "The Power of Dividends: Past, Present, and Future," *Insights*: Hartford Funds(September 2018), https://www.hartfordfunds.com/insights/featured-perspectives/ThePowerofDividends2.html
20. H. David Sherman and S. David Young, "Where Financial Reporting Still Falls Short," *Harvard Business Review* (July-August 2016), https://hbr.org/2016/07/where-financial-reporting-still-falls-short
21. Lowell Miller, *The Single Best Investment*, Independent Publishers Group (2006): 44, Figure 3-3.
22. Lowell G. Miller, "The Power of Compounded Growth and Reinvested Dividends," *AAII Journal*, American Association of Individual Investors (June 2015): 2, Figure 1.
23. Lowell Miller, *The Single Best Investment*, 31.
24. "S&P 500 Annual Total Return Historical Data," 2000-08, YCharts.com, http://ycharts.com/indicators/sandp_500_total_return_annual
25. Daniel G. Goldstein, Eric J. Johnson and William F. Sharpe, "Choosing Outcomes Versus Choosing Products," *Journal of Consumer Research* 35, no. 3 (2008): 440-456.
26. FANG is a common acronym assigned to the high-flying stocks of recent years: Facebook, Amazon, Netflix, and Google.
27. Michael Lippert, as quoted in: Lewis Braham, "Growth vs. Value: More Divided Than Ever," *Barron's* (March 17, 2018), https://www.barrons.com/articles/growth-vs-value-more-divided-than-ever-1521250404
28. Bloomberg Finance LP, 2018, www.bloomberg.com.
29. The Bahnsen Group, www.thebahnsengroup.com.
30. If you noticed that these three components, the major embodiments of high inflation, are also the three most notorious recipients of government subsidy and intervention, you are astute.
31. Tim McMahon, "Gold and Inflation," InflationData.Com, April 25, 2018, https://inflationdata.com/Inflation/Inflation_Rate/Gold_Inflation.asp
32. "Even Modest Inflation Can Erode Purchasing Power," Pimco, https://www.pimco.com/en-us/resources/education/even-modest-inflation-can-erode-purchasing-power
33. Annie Lowrey, "Are Stock Buybacks Starving the Economy?," *The Atlantic* (July 31, 2018).
34. 同上。

注釈

1. "S&P 500 Annual Total Return Historical Data," YCharts.com, http://ycharts.com/indicators/sandp_500_total_return_annual
2. "DJIA, S&P500, NASDAQ Yearly Returns Comparison," 1Stock1.com, www.1stock1.c'om/1stock1_142.htm.
3. Style box investing refers to apportioning one's portfolio into different boxes based on market capitalization (small, medium, and large), as well as style (growth, value, and core). It is a simplistic way to talk about asset allocation, at least in a basic manifestation.
4. FTSE Russell Indices, 1995-1999, http://www.ftse.com/products/russell-index-values
5. Aswath Damodaran, "Annual Returns of Stock, T.Bonds and T.Bills: 1928 - Current," NYU Stern Business School, pages.stern.nyu.edu/~adamodar/New_Home_Page/datafile/histretSP.html. Information on this website is sourced from the Federal Reserve, St. Louis.
6. "DJIA, S&P500, NASDAQ Yearly Returns Comparison," 1Stock1.com.
7. Bespoke's Sector Weightings Report, 2018.
8. Annual Sector Total Return, Goldman Sachs Global ECS Research.
9. "Databases, Tables and Calculators by Subject," U.S. Department of Labor, Bureau of Labor Statistics, https://data.bls.gov/timeseries/LNS12000000 . Information calculated for February 2008 to February 2010.
10. "The Great Recession: Over But Not Gone?" Northwestern Institute for Policy Research, 2014, https://www.ipr.northwestern.edu/about/news/2014/IPR-research-Great-Recession-unemployment-foreclosures-safety-net-fertility-public-opinion.html
11. And because I believe in diversification and risk management, I see the wisdom in a multitude of companies being involved in that investment.
12. "Miller/Howard YOI Calculator," Miller/Howard Investments, http://www.mhinvest.com/yoi.html
13. These hypothetical illustrations are performed at the YOI Calculator (Yield-on-Original Investment) at www.mhinvest.com, the website of Miller/Howard Investments. They do not project an actual stock's actual returns; they merely conduct the math of given inputs we (or anyone else) enters. The example in this paragraph contains one set of inputs; another example would contain different ones. The calculator is reliable for the math of the inputs, and nothing else.
14. These companies are not listed as recommendations whatsoever, but mere illustrations and reinforcements of how this math and concept I am describing has worked in my actual lifetime.
15. "S&P 500 Index, 90 Year Historical Chart," Macrotrends, https://www.macrotrends.net/2324/sp-500-historical-chart-data

■著者紹介

デビッド・L・バーンセン（David L. Bahnsen）

カリフォルニア州ニューポートビーチとニューヨーク市を拠点に15億ドルの資金を運用する資産管理会社ザ・バーンセン・グループの創業者兼CIO（最高投資責任者）。バロンズやフォーブスやフィナンシャル・タイムズでは常に全米のトップアドバイザーの１人にランク付けされている。著書に『クライシス・オブ・レスポンシビリティ（Crisis of responsibility : our cultural addiction to blame and how you can cure it)』がある。

■監修者紹介

長岡半太郎（ながおか・はんたろう）

放送大学教養学部卒。放送大学大学院文化科学研究科（情報学）修了・修士（学術）。日米の銀行、CTA、ヘッジファンドなどを経て、現在は中堅運用会社勤務。全国通訳案内士、認定心理士。『先物市場の高勝率トレード』『アセットアロケーションの最適化』『「恐怖で買って、強欲で売る」短期売買法』『トレンドフォロー戦略の理論と実践』『フルタイムトレーダー完全マニュアル【第３版】』『T・ロウ・プライス――人、会社、投資哲学』『「株で200万ドル儲けたボックス理論」の原理原則』『アルゴトレードの入門から実践へ』『M＆A　買収者の見解、経営者の異論』『指数先物の高勝率短期売買』『アルファフォーミュラ』『素晴らしきデフレの世界』『バフェットとマンガーによる株主総会実況中継』『行動科学と投資』のほか、訳書、監修書多数。

■訳者紹介

藤原玄（ふじわら・げん）

1977年生まれ。慶應義塾大学経済学部卒業。情報提供会社、米国の投資顧問会社在日連絡員を経て、現在、独立系投資会社に勤務。業務のかたわら、投資をはじめとするさまざまな分野の翻訳を手掛けている。訳書に『なぜ利益を上げている企業への投資が失敗するのか』『株デビューする前に知っておくべき「魔法の公式」』『ブラックスワン回避法』『ハーバード流ケースメソッドで学ぶバリュー投資』『堕天使バンカー』『ブラックエッジ』『インデックス投資は勝者のゲーム』『企業に何十億ドルものバリュエーションが付く理由』『ディープバリュー投資入門』『ファクター投資入門』『実践　ディープバリュー投資』『M＆A　買収者の見解、経営者の異論』『素晴らしきデフレの世界』（パンローリング）などがある。

2020年9月3日　初版第1刷発行

ウィザードブックシリーズ㉙⑨

配当成長株投資のすすめ
――金融危機後の負の複利を避ける方法

著　者　　デビッド・L・バーンセン
監修者　　長岡半太郎
訳　者　　藤原玄
発行者　　後藤康徳
発行所　　パンローリング株式会社
〒160-0023　東京都新宿区西新宿7-9-18　6階
TEL 03-5386-7391　FAX 03-5386-7393
http://www.panrolling.com/
E-mail　info@panrolling.com
編　集　　エフ・ジー・アイ（Factory of Gnomic Three Monkeys Investment）合資会社
装　丁　　パンローリング装丁室
組　版　　パンローリング制作室
印刷・製本　株式会社シナノ

ISBN978-4-7759-7263-2

ウィリアム・J・オニール

証券投資で得た利益によって 30 歳でニューヨーク証券取引所の会員権を取得し、投資調査会社ウィリアム・オニール・アンド・カンパニーを設立。顧客には世界の大手機関投資家で資金運用を担当する 600 人が名を連ねる。保有資産が2億ドルを超えるニュー USA ミューチュアルファンドを創設したほか、『インベスターズ・ビジネス・デイリー』の創立者でもある。

ウィザードブックシリーズ 179

オニールの成長株発掘法【第4版】

定価 本体3,800円+税　ISBN:9784775971468

大暴落をいち早く見分ける方法

アメリカ屈指の投資家がやさしく解説した大化け銘柄発掘法！投資する銘柄を決定する場合、大きく分けて２種類のタイプがある。世界一の投資家、資産家であるウォーレン・バフェットが実践する「バリュー投資」と、このオニールの「成長株投資」だ。

ウィザードブックシリーズ 93

オニールの空売り練習帖

定価 本体2,800円+税　ISBN:9784775970577

正しい側にいなければ、儲けることはできない

空売りのポジションをとるには本当の知識、市場でのノウハウ、そして大きな勇気が必要である。指値の設定方法から空売りのタイミング決定までの単純明快で時代を超えた永遠普遍なアドバイス。大切なことに集中し、最大の自信を持って空売りのトレードができるようになる。

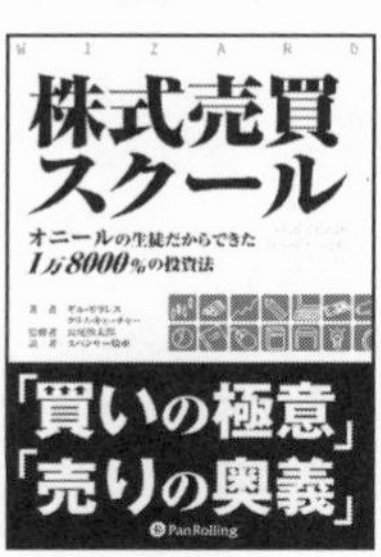

ウィザードブックシリーズ 198

株式売買スクール
オニールの生徒だからできた1万8000%の投資法

ギル・モラレス　クリス・キャッチャー【著】

定価 本体3,800円+税　ISBN:9784775971659

株式市場の参加者の90%は事前の準備を怠っている

オニールのシステムをより完璧に近づけるために、何年も大化け株の特徴を探し出し、分析し、分類し、その有効性を確認するという作業を行った著者たちが研究と常識に基づいたルールを公開！